本の森を歩く

——不採用書評集

細貝 さやか

諏訪書房新書

はじめに

　フリーライターとして働き始めた20代前半、ある月刊誌の書評欄担当となり、以来40数年、書評や著者インタビュー、単行本の編集、聞き書きなど、本に関わる仕事をしてきた。細々ながら今も集英社の『éclat（エクラ）』という女性誌で新刊紹介のコラムを持たせてもらっている。

　書店に並んだ新刊をパラパラめくって面白そうな本を購入。その中から毎月「これぞ！」と思う10〜12冊に絞り、粗筋と感想を編集者に送って誌面で取り上げる本を決める。小さなコーナーなので紹介できるのは4冊だけ。残りはボツだ。不採用となった本が採用本よりつまらないわけではない。同じ出版社だから、ジャンルをばらけさせたいから、雑誌のメインターゲットである50歳前後の女性向きじゃないから……といった理由で、やむなく落とすことも多い。

　本書で紹介するのは、それら「面白いのにボツにせざるを得なかった」本たち。それゆえ、サブタイトルを「不採用書評集」とした。『éclat』創刊が２００７年なので、不採用本も１３００

冊を超えるが、新しいほうがいいだろうと基本的に2021年以降に刊行されたものを選んだ。ただし、採用された本からも圧倒的おすすめを数冊、何十年も前に刊行されたものだが「我が人生のベスト10」に揺らぐことなくランクインし続けている2冊も交えさせてもらった。

全142冊を筆者の独断で、「ハラハラ、ドキドキ、ワクワクする本」「生きるのが楽になる本」「世界が広がる本」「胸ジ〜ン&考えさせられる本」の4章に分け紹介している。また、各本のタイトル上部に、エンタメ（エンターテインメント性が高い小説、ミステリー、SF、漫画など）、一般小説（エンタメ要素より文芸色の強い小説）、エッセイ集、ノンフィクション（ルポルタージュ、伝記など）といったジャンルを記した。

心惹かれる本があったら、ぜひ手に取っていただきたい。できれば出版不況とネット書店隆盛の中で奮闘する町の本屋さんで買ってほしいけれど、インターネットでポチッとしても図書館で借りてもかまわない。読めば、きっと何かが変わる。心のドアが開く。本書をきっかけに出会った本が、あなたにとってかけがえのない一冊となれば、とてもうれしい。

目次

ハラハラ、ドキドキ、ワクワクする本

一般小説

『英雄』　著者／真保裕一

平凡な会社員として日々を送っていた英美のもとに突然、刑事が訪ねてくる。父親が射殺されたというのだ。亡くなった母から、育ての父とは別に血のつながった父親がいるとは聞かされていたが、警察の訪問で初めて実父の名と自分が婚外子であった事実を知ることに。

父・英雄は裸一貫から日本有数の企業グループを作った実業家だった。恨みを抱く人間が山ほどいて、犯人の糸口がまったくつかめていないという。「あなたにも遺産を請求する権利がある。遺留分を求めて遺族や会社関係者に近づき、犯人の手がかりをつかんでほしい」――そんな刑事の依頼を、彼女は受け入れることにした。

父と関わりのあった人々に話を聞くうちに、戦後の混乱期、高度経済成長期、バブル崩壊、さらに令和まで80数年を生き、小さな運送会社を一大企業へと成長させた辣腕経営者の成り上がり人生が明らかになっていく。そして、極道や政治家、警察権力、ライバル企業、社員と家族などとのしがらみの中、法や倫理に反して父が行ってきた薄暗いあれこれも……。

時代の潮流にもまれながら冷酷なまでに自らの意志を貫き続けた英雄の存在感、衰退する今の日本とは対照的な時代そのものが持っていたエネルギーに圧倒される。

発行／朝日新聞出版　2022・9月刊行

エンタメ

『同志少女よ、敵を撃て』

著者／逢坂冬馬

第二次世界大戦中、旧ソ連では女性も100万人規模で兵士として動員され、従軍しドイツ軍と戦った。リュドミラ・パヴリチェンコという女性狙撃兵は309人を射殺したことで知られる。

そんな史実を踏まえて書かれた本書は、狙撃兵となる訓練を受け、独ソ線の最前線に配備される少女を主人公にした物語。無名の新人のデビュー作だったにもかかわらず、2021年11月に発売された直後から話題になり、大手書店の文芸部門でベストセラーのトップ。翌年、全国の書店員が選ぶ本屋大賞を受賞し、直木賞候補にもなった。

魅力的なキャラクター設定、巧みな構成、迫力と緊張感溢れる戦闘シーン……。エンターテインメントとして抜群に面白いだけでなく、はからずも戦うことになった普通の女性の内面の変化を通して戦争というものの悲惨さに迫っていく。数多の敵を殺すことで少女たちは自分自身や仲間の命をつなぐのだが、戦いに慣れれば慣れるほど罪悪感や倫理観は薄れ、一般社会から乖離していく。果たして戦争が終わったとき、彼女たちは日常に戻ることができるのか……。

80年も前のロシア・ウクライナ地域を舞台にした物語は、破天荒さとリアリティが絶妙なバランスで入り交じり、平和な現代日本でのほほんと生きている私たちにも他人事だと思わせないだけの力を持っている。

発行／早川書房　2021・11月刊行

エンタメ

『自由研究には向かない殺人』

著者／ホリー・ジャクソン

主人公のピップが高校の自由研究の課題として選んだのは、5年前に町で起きた女子高生殺人事件の真相を探ること。担当教師から、被害者家族にも加害者家族にも決して連絡しないよう釘を刺されたにもかかわらず、早速、自殺した加害者の家を訪ねてしまう。といっても、興味本位ではない。犯人とされた少年の無実を信じている彼女は、彼の冤罪を晴らそうと心に決めていたのだ……。

物語の舞台はイギリスの小さな町。人種の違いや経済格差による差別と偏見が渦巻き、頭の固い住人も多いが、パワフルなピップは誰に対しても物怖じせず、SNSなど今どきのアイテムを駆使しながら元気に根気よく真実に迫っていく。ユーモアに富んだ生き生きとした会話がとにかく楽しい。

女子高生が自由研究の名目で捜査をするというと子供受けの小説ととられかねないが、ミステリーとしてのレベルは高い。２０２２年本屋大賞翻訳小説部門、「このミステリーがすごい！２０２２年版」海外編、「週刊文春ミステリーベスト10　２０２１」で、いずれも2位にランクインしている。

訳／服部京子　発行／東京創元社（創元推理文庫）　2021・8月刊行

一般小説

『アナベル・リイ』　著者／小池真理子

物語の語り手である悦子が、千佳代というアングラ劇団の舞台女優と知り合ったのは１９７８年、26歳のときだった。エドガー・アラン・ポーの詩を舞台化した『アナベル・リイ』で主演を務め大失敗した千佳代は、純粋で真っ直ぐで、同い年の悦子を姉のように慕い、悦子が密かに思いを寄せていた男・飯沼と結婚。それから2年後、劇症肝炎で千佳代が急逝してから怪異が起こり始める。千佳代と出会う前に飯沼が一度だけ関係を持った女性の前に、千佳代の亡霊が現れるようになったのだ。やがて、悦子が飯沼とつき合うようになると彼女の前にも……。

40年間、恐怖と共に生きてきた悦子の回想記として描かれる幻想怪奇小説。耽美的で切なく、ひたひたと怖い。

発行／KADOKAWA　2022・7月刊行

エンタメ

『チェスナットマン』　**著者／セーアン・スヴァイストロプ**

デンマークのコペンハーゲンで連続殺人事件が発生する。被害者は若い母親ばかりで、現場には必ず小さなチェスナットマン（栗の実で作った人形）が残されていた。しかも、その人形から検出された指紋は、1年前に誘拐され殺された少女のもの……。衝撃的な冒頭から読者を引きずり込み、スピーディーな展開と予測を裏切り続ける構成で、ラストまで手に汗握りっぱなし。

捜査にあたる刑事も印象的だ。重大犯罪課の女性刑事ナヤ・トゥリーンは、ずけずけものを言うタイプのシングルマザー。彼女とペアを組むマーク・ヘスは、上司の不興を買ってユーロポール（欧州刑事警察機構）から一時的にデンマークの警察に異動させられたため、やる気ゼロで非協力的。といっても、もともとは優秀なので次第に本気を出し、殺人事件を巡る巧妙な仕掛けを解こうとのめり込んでいく。

事件の背景には児童虐待が根深く絡んでいるし、凄惨なシーンも多いが、北欧版『羊たちの沈黙』と各国で話題になったように、サイコサスペンスの傑作であることは間違いなし！

訳／高橋恭美子　発行／ハーパーコリンズ・ジャパン（ハーパーBOOKS）

2021・7月刊行

一般小説

『財布は踊る』

著者／原田ひ香

毎月夫から「これ、みづほちゃんの分」と渡される5万円から食費と日用品代、息子のオムツ代を捻出し、2万円の貯金までしている専業主婦、みづほ。安い食材でおいしい食事を作り、新しい服など一切買わず、倹約を続けてきたのは、家族でハワイ旅行に行きヴィトンの財布を買うという夢があったから。2年がかりで夢を叶え、やっとハワイで10万円以上する長財布を買ってイニシャルを入れてもらったのに、夫が無計画なリボ払いを続けて230万円もの借金をしていたことが発覚。一度も使わないまま、メルカリで売らなければならないことに……。

みづほが手放した財布を巡り、さまざまな登場人物が絡み合いながら物語が展開していく。イニシャル入り財布をメルカリで安くゲットした文夫（居酒屋アルバイト。ＦＸの情報商材を42万円で購入して損をし、詐欺と知りつつ知人に同じ商材を売っている）。文夫の大学時代の同級生で、文夫から財布と38万円を盗む野田。お財布アドバイザーの善財夏実（たまたま始めた財布に関する風水占いもどきで人気になり、みづほが愛読する女性誌のコラムなどを執筆していたが、ひょんなことから鉄道の忘れ物市に出品されていたみづほの財布を購入）。大学に通うために借りた奨学金の返済で生活を楽しむ余裕のないアラサーの麻衣子と彩……。懐事情と人生に悩みを抱えた登場人物たちの、その後はいかに!?

メイン登場人物のみづほは、大事な財布を手放したあと、夫に頼るだけの存在から一念発起し、やがてコロナ禍にもかかわらず不動産投資家としてそこそこ成功していく。文夫や夏実も失敗を機に、地味で大して儲からないものの自分が納得し誇れるような人生へと軌道修正。ある程度のお金がなければ生きていくことさえできないが、裕福だからといって幸せにはなれない。混迷が深まる一方の社会&経済状況の中で、どう生きていくべきかを考えさせられる一冊。楽しく読んでいるうちに、詐欺などの危険回避術や節約法も学べそう。

発行／新潮社　2022・7月刊行

エンタメ

『異常【アノマリー】』著者／エルヴェ・ル・テリエ

穏やかな家庭人の顔は表向きで、実は無数の偽国籍を持つ冷酷無比な殺し屋。良心の呵責に苦しみながら、悪徳製薬会社のために働いている弁護士。15年間売れなかったのに、突如時の人となった作家。シングルマザーの映像編集者。ナイジェリアのポップスター。がんを告知された男。蛙を飼っている少女etc.……。多種多様な老若男女の物語が群像劇風に次々と展開されていくので、最初のうちは頭が混乱してしまうのだけれど、第一部の途中で、彼らはみな同じ飛行機に乗り合わせた乗客なのだとわかってくる。しかも、そのパリ発ニューヨーク行きのエールフランス006便は、未曾有の巨大乱気流に遭遇し、猛烈な雹のため高度計も速度計もレーダーも壊れてしまっているということが！

幸い、飛行機は積乱雲を抜け出すことができたが、パイロットが管制塔に連絡すると、あちこちたらい回しにされたあげく、「国の安全保障に関わる事態が起きた」と空軍基地への着陸を指示される。さらに、乗客はスマホやパソコンなど一切の通信機器を取り上げられてしまう。いったいなぜ？　何が起きているのか？

半分近く読み進んだところで、やっとその理由が明かされるのだけれど、いやあ奇想天外！　まさにタイトル通りの「異常」事態なのだ。フランス文学最高峰のゴンクール賞に輝いた作品は、ユニークな着想とスケールの大きさでフランスだけでなくアメリカでも大ヒット。何が異常なのかが明らかになるまでイライラさせられるが、我慢して読み続けるだけの価値はある。物語のラスト、アメリカ大統領が苦しんだ果てに下す決断も衝撃だ。

訳／加藤かおり　発行／早川書房　2022・2月刊行

エンタメ

『長い長い夜』

著者・絵／ルリ

ゾウの保護施設でゾウたちに混じって成長したシロサイのノードン。その後、施設を出て大自然の中で妻と子を得るが、家族や仲間を人間に殺され、立派だった角も削られ動物園に入れられてしまう。

やがて戦争が起き、檻が壊されたのを機に動物園を逃げ出した彼の道連れとなるのが、雄ペンギンのチク。育児放棄された卵を恋人の雄ペンギンと温めていたチクは、砲撃で仲間を殺されてしまい、卵を抱えて逃げてきたという。身勝手な人間たちへの怒りに囚われ、復讐を誓っていたノードンだが、チクのやさしさに癒されていく。そしてチクが死ぬと、卵から孵ったペンギンの雛を連れて海を目指す……。

著者は、地球最後のキタシロサイの雄が死んだというニュースに触発されて、この絵物語を書き始めたそう。韓国で文学トンネ子ども文学賞大賞に輝いた作品は、年齢にかかわらず読む者の心を打ち、さまざまな問いを投げかけてくる。シンプルなのに、見ていると泣けてくるようなイラストもいい。

訳／カン・バンファ　発行／小学館　2022・7月刊行

エンタメ

『イオカステの揺籃』　著者／遠田潤子

美しくやさしい母に愛されて育ち、建築家となった英樹。仕事は賞をとるほど順調で、妻の妊娠もわかり、満ち足りた日々を送っていた。しかし、生まれてくるのが男の子だと母に伝えた日から、妻に対する母・恭子の異常な干渉が始まる……。物語の前半、バラ作りの名手で大阪・中之島のバラ園をも上回るほど見事な庭を作り上げてきた恭子の毒親ぶりが徐々に明らかになっていくのだが、これがエグいのなんのっ。嫁に対するわかりやすい嫌がらせではなく、息子を愛するがゆえの過干渉だから、なおさら怖い。

そして後半では、彼女がなぜ毒親となってしまったのか、その悲しい過去が明かされていく。妻と母の間で優柔不断な姿をさらし続ける英樹のトホホぶりや、兄とは対照的に母と距離を起き続けてきた妹・玲子の苦悩もリアル。タイトルの「イオカステ」は、エディプス・コンプレックスの語源となったギリシャ神話のオイディプス（エディプス）の実母の名前。家族の問題を丹念に描き続けてきた実力派作家が、母子関係のダークサイドに深く切り込んでいく。断ち切れない負の連鎖に息が詰まりそうになるが、圧倒的リーダビリティで読むのをやめられない。

発行／中央公論新社　2022・9月刊行

エンタメ

『星合う夜の失せもの探し　秋葉図書館の四季』　著者／森谷明子

収録された6つの短編の舞台は、ススキ野原の真ん中に建つ秋葉図書館。訪れる人もまばらな長閑な図書館だが、思わず悩みを相談したくなるような雰囲気の今居文子という司書がいる。彼女もまた、他人様のプライベートに首を突っ込むなんて司書がやっちゃいけないと思いつつ、さまざまな悩みを抱えた来館者についつい関わってしまう。何気ない会話や本に挟まれていたレシートなどから、それぞれが抱えている問題に気づき、謎解き名人の先輩司書・能勢の手も借りながら、問題解決の手がかりをさりげなく、おすすめ本という形で人々に手渡すのだ。

文子たちとのやりとりや、紹介される名著・古典を糸口に、「失せもの」（モノだけでなく、猫や見失っていた心など）を探していた来館者たちが、自分自身で問題や謎、誤解を解いていく。かつて図書館司書として働いていたという著者の体験が生きたハートフルなミステリー。

発行／東京創元社　2023・7月刊行

一般小説

『真珠とダイヤモンド』

著者／桐野夏生

コロナ禍でパートの雇い止めにあって、アパートの家賃を払えなくなり、井の頭公園が定宿になってしまった水矢子は、ある夜、若き日に同僚だった佳那と偶然再会する。30数年前、二人は大手証券会社の福岡支店で働き始めた。東京の大学に進学するお金を貯めるため、男尊女卑が当たり前の会社でひたすら我慢してお茶くみやアシスタント業務に勤しむ高卒入社の水矢子と、短大卒ながら上昇思考の塊で、その美貌から窓口担当のフロントレディに配属された佳那。性格も夢もまったく異なるけれど、仕事より噂話に興じるほかの女子社員たちと一線を画していた二人は、唯一心を許し合える仲間だった。

夜の公園での再会から始まる物語は一気に時を遡り、１９８６年へ。水矢子と佳那、そして同期である大卒営業マンの望月昭平、三人の視点を入れ替えながら進んでいく。

「ジャパン・アズ・ナンバーワン」と日本人の多くが実態のないバブルに熱狂し、イケイケドンドンだった空気の中、コンプライアンスもなんのそので株を売買し、東京本社に栄転する望月。望月に見込まれ、彼と組んでマネーゲームの渦に身を投じ、贅沢な暮らしに染まっていく佳那。そして、夢を叶えるため退職し、20歳で上京する水矢子。その後、三人の人生はどうなっていくのか……。やがてバブルが崩壊すると知っている読者は、ドキドキハラハラしながら読み進めることになる。

著者は、デビューから40年近く話題作・問題作を世に問い続けてきた社会派のストーリーテラー。上下巻合わせて７００ページを超える大作だが、バブルに狂奔する人々の姿を描き切るパワフルな人間ドラマとスピーディーな展開に引き込まれ、ページをめくり続けてしまう。切なくも、やさしいラストが忘れられない。

発行／毎日新聞出版　上下巻　2023・2月刊行

エンタメ

『呑み込まれた男』　著者／エドワード・ケアリー

表紙のイラストも、「イギリスの鬼才」と呼ばれる著者自身によるもの。イラストの雰囲気と、彼が書く小説の作風はよく似ている。幻想的で、ちょっと不気味なのに切なくて、忘れ難い印象を残すのだ。

そんな鬼才の最新作である本書の主人公は、ピノッキオを作ったジュゼッペじいさん。乗っていた小舟ごと巨大な魚に飲み込まれた老人は、自分より前に飲まれたらしい帆船に残っていた航海日誌の余白に、これまでの人生を綴り始める。木彫りの人形を作ったら、なぜか命が宿って動き出したこと。悪さばかりしていたピノッキオが改心したので学校に通わせようと、なけなしの上着を売って教科書を買ってあげたのに、学校に行く途中で行方不明になってしまったこと。ピノッキオを探して海に漕ぎ出したところで、巨大ザメに飲み込まれたこと。そして、自分が生きながらえてきた理由について……。

　帆船で飲み水と食料と、わずかばかりの灯りを得るロウソクは見つけたものの、誰にも会えず、声を上げてもなんの反応もない絶対的な孤独と暗闇の中、彼は2年間、いかにして正気を保ち、希望をつなぎ、生き延びることができたのか。コロナ禍によるロックダウンと主人公の置かれた状況が重なる。現実離れしたストーリーだが、困難な状況をサバイブするために大切なことを教えてくれる物語。

訳／古屋美登里　発行／東京創元社　2022・7月刊行

エンタメ

『罪の境界』

著者／薬丸岳

誕生日デートのため渋谷を訪れた26歳の明香里。彼氏からドタキャンされた直後、スクランブル交差点で突然、見ず知らずの男に斧で襲われる。何カ所も切りつけられながら命を取り留めることができたのは、たまたま傍にいた男性が身を挺して守ってくれたから。アスファルトに倒れ込んだその中年男性は、意識を失う前の彼女に「約束は守った……伝えてほしい……」という言葉だけを遺し、息を引き取った。

やがて事件のトラウマから、明香里は心身に不調を来たして仕事を辞め、恋人にも別れを告げて部屋に引き籠もるようになる。周囲の人々の生活も、以前のようではなくなってしまう。仕事でデートをドタキャンした恋人・航平は深い罪の意識に囚われ、明香里の両親は家族すら拒絶するようになってしまった娘を案じ、戸惑う。

一方、犯人・小野寺が「幸せそうなやつなら誰でもよかった。自分を産んだ母親に復讐するために殺した」と語るのをニュースで知ったしがない風俗ライターの省吾は、小野寺に接見して話を聞き、さらに関係者への取材を重ねてノンフィクションを書こうと企む。話題の事件で一発当てたいという気持ちもゼロではなかったが、それ以上に、母親に虐待されて育った自分自身と小野寺を重ね、その過去や心情を掘り下げずにいられなかったからだ。

無差別殺人事件の被害者と加害者、双方の「その後」と「それ以前」を丹念に追ったミステリー。過酷な運命に翻弄され罪を犯してしまう者と、まっとうに生きようという意志を貫ける者の境界はどこにあるのか……。そんなヘビーなテーマに著者は切り込み、同時にまた犯罪を生み出してしまう社会の病巣を顕わにしていく。

物語の後半、心身に傷を負いどん底まで落ちた明香里が前を向くため、ある行動に出る。自分を助けて死んだ身寄りのない中年男性が「約束は守った」と誰に伝えたかったのか、どんな約束だったのかを知ろうと調べ始めるのだ。その謎が解けるラストに感涙。深く胸打たれ、暗闇に差し込んできた光を見つけたような心持ちに。
発行／幻冬舎　2022・12月刊行

エンタメ

『走る赤　中国女性SF作家アンソロジー』　著者／武甜静ほか

近年、世界を席巻している感がある中国SF界から、最前線で活躍する女性作家たちの短編を選りすぐったアンソロジー。植物状態にある少女がバーチャルリアリティを使って世界を駆け巡ったり、人の感情を色彩として認識する異星人が黒船に乗って江戸時代の日本に到来したり、老人として生を受け次第に若返って乳児として死ぬ世界に一人だけ普通に年老いる人間が混じってしまったり、発言をコントロールできなくなる奇妙な病が流行して人々が突然勝手に話し出して止まらなくなったり……。バラエティに富んだ14編に想像力を刺激されまくり！

編／橋本輝幸　編訳／大恵和実　発行／中央公論新社　2022・4月刊行

エンタメ

『アメリカへようこそ』　著者／マシュー・ベイカー

著者は、ハリウッドのプロデューサーたちが映画化権をゲットしようと競い合っている、今大注目の人気作家。本書には13の短編が収録されているのだが、どれも今まで読んだことがない奇妙なテイストだ。

例えば「売り言葉」という作品は、かつていじめられっ子だった気弱な二人の中年男（辞書の編纂者である兄と、その弟で死語を研究している教授）が、姪を執拗にいじめ抜く14歳の少年を痛めつけようと作戦を練る物語。「魂の争奪戦」は、赤ちゃんが魂を持たずに生まれてくるようになった世界を舞台に、健康な子を産む可能性が上がるという謎の施設へと向かう妊婦の姿を描く。表題作「アメリカへようこそ」では、アメリカ合衆国から独立したテキサス州の町で起こる悲喜劇が綴られる。

奇想天外なストーリーばかりなのに、登場人物たちの心情描写はやけに生々しくリアルで、アメリカという国が抱えているさまざまな問題を顕わにしていく。人間がどれほど多面的な存在かを突きつけられるようで、ヒリヒリと痛い。

訳／田内志文　発行／KADOKAWA　2023・3月刊行

一般小説

『僕の女を探しているんだ』　著者／井上荒野

自分でも気づかないまま恋をしていた幼なじみが引っ越してしまうことを知って、彼に怒りを向けてしまう少女。愛する夫を亡くし、癒えることのない悲しみから死を選ぼうとする女性。

愛されていないとわかっていながら、身勝手で残酷な中年男との関係をやめられないゲイバー勤めの青年。ＳＮＳでやりとりして会ったばかりの「パパ活」相手が突然倒れ、途方にくれる女の子ｅｔｃ．……そんな主人公たちの前に、不思議な青年が現れる。

異国人らしい青年は、ムカつくほどのイケメンで、男も見惚れてしまうような笑顔の持ち主。ピアノが上手で、穏やかな声で語り、人々の悲しみや寂しさにさりげなく寄り添う。そして、大事な人を探して旅をしているという彼が去ったとき、誰もが気づくのだ。青年との束の間の触れ合いを通して、自分が以前より確かに強く、やさしくなっていることに。

収録された9つの短編は、大ヒットした韓国映画『愛の不時着』の主人公、リ・ジョンヒョクへのオマージュとして書かれたもの。『愛の不時着』の大ファンである歌人の俵万智さんは、リ・ジョンヒョクが実在し、日本に来て傷ついた人や困っている人と会ったなら、きっとこんなことを言い、こんなことをするはずと思うようなことが書かれていて、読みながら胸がキュンキュンしてしまったそう。『愛の不時着』を観ていない人、韓流ファンではない人でも、世知辛い日本社会に突然現れ、傷ついた心を癒してくれる青年に、たまらなく心惹かれてしまうはず。

発行／新潮社　2023・2月刊行

エンタメ

『金環日蝕』　著者／阿部暁子

物語の舞台は札幌。知り合いのおばあさんがひったくりに遭う瞬間を目撃した女子大生の春風は、その場に偶然居合わせた男子高校生の錬と共に犯人を追いかけるが、もうちょっとのところで逃げられてしまった。犯人が落としたストラップを手がかりに、犯人探しをスタートした二人だが、やがて巨大詐欺グループの犯罪を掘り当ててしまう……。

春風&錬という素人探偵コンビによる軽快でユーモラスなやりとりが楽しい。心やさしく正義感の強い二人と対照的なダークサイドの登場人物たちも、強い印象を残す。人間は置かれた環境や周囲との関係性によってやさしくも残酷にもなり得ること、誰もが罪を犯しかねないということに気づかされてギクッ。

発行／東京創元社　2022・10月刊行

エンタメ

『一九六一　東京ハウス』　**著者／真梨幸子**

開局60周年を記念し、あるテレビ局がリアリティショーを企画する。1961年当時の団地での暮らしを2組の家族に3カ月間体験してもらい、リアルタイムで放映するというものだ。

500万円の報酬に釣られ、60年前の団地生活にチャレンジした小池家だが、視聴率至上主義の制作陣が作ったシナリオに沿った演技を強いられ、家族の間に軋轢が生じ始める。

さらに、その団地で過去に起きた殺人事件まで複雑に絡んできたから、さあ大変。お気楽バラエティのはずが、制作者たちの思惑を遙かに超えて、とんでもない展開に……。

令和と昭和を交錯させ、緊張感たっぷりに進む物語は、後半で目まぐるしく二転三転、四転五転。格差や嫉妬や疑心暗鬼は人の心をこれほど蝕み、荒ませてしまうのか……と、背筋がゾクリ。

発行／新潮社　2021・12月刊行

エンタメ

『誰かがこの町で』　著者／佐野広実

深い後悔を抱え、弁護士事務所で下働きをしながら人生を諦めて生きていた男が、ある日、所長から奇妙な依頼を受ける。「19年前に失踪した友人の娘だと名乗る女性が訪ねて来た。彼女が本当に娘かどうか調べてほしい。友人が消えてしまった理由も知りたい」というのだ。

わずかな手がかりから辿り着いたのは、山を切り崩して造ったニュータウン。調査を進めるうち、瀟洒な住宅が建ち並ぶその町では、何人もの人間が蒸発していることがわかってくる。彼らはなぜ、どこへ消えてしまったのか……。

「安心安全の町づくり」をモットーに掲げた町では、忖度や同調圧力が渦巻いていた。そして、理想や正義の名のもとに、空気を読まない者やしきたりに異を唱える者が排除されていく。さながら昨今の日本を浮き彫りにしているよう。人間という存在の脆さやダークな一面を突きつけてくるミステリー。

発行／講談社　2022・1月刊行

エンタメ

『読書セラピスト』　著者／ファビオ・スタッシ

国語教師の資格を持つ主人公のヴィンチェは、なかなか就職が決まらず、古いマンションの一室を借りて読書セラピーのスタジオを始める。さまざまな悩みや目的を抱え訪れる人々に、その状況に合わせて選び抜いた本をすすめるのだが、うまくハマって喜ばれることもあれば、怒ってブチ切れる人も。そんなある日、階下に住む女性が失踪し、夫に殺されたのではないかという噂を耳にする。興味を持ったヴィンチェは、読書家だった彼女が愛読していたという本のリストから推理し、真相を探り始める……。

そんなストーリーに絡めて、心そそられる本たちが次々紹介されていくイタリア発のミステリー。ちなみに、読書（ビブリオ）セラピーは昨今世界的に広がりつつあり、イギリスでは政府公認。イスラエルでは読書セラピストが国家資格になっているそう。

訳／橋本勝雄　発行／東京創元社　2022・2月刊行

エンタメ

『男たちを知らない女』

著者／クリスティーナ・スウィーニー＝ビアード

救命救急医、人類学者、ウイルス学者、ホテル経営者、富豪の家のベビーシッター、政治家、警察官、イギリスの情報機関の局員などなど、さまざまな年齢・職業の女性たちがそれぞれの体験を語ることで、恐ろしい伝染病によるパンデミックの様相が浮き彫りにされていく。

といっても、新型コロナについてのドキュメンタリーではない。男性だけが感染する致死率90％のウイルスが蔓延する近未来を舞台にしたドキュメンタリー形式のＳＦだ。

未知のウイルスによる病人を初めて治療した医師からの警告を信じようとしない政府。感染者と死者が増えるにつれ人々を苛む不安と恐怖。ロックダウンにソーシャルディスタンス。社会機能と秩序の崩壊。愛する人を失った者と失わずにすんだ者との間に生まれるわだかまり。ワクチン開発を巡るゴタゴタ。他者のため自分にできることをしたいという気持ちと、自分や家族だけは助かりたいと思ってしまう保身や欲望etc.……。

コロナ禍が始まってからの日々を否応なく想起させられ身につまされるが、実はこの小説が書かれたのは2018〜19年でコロナ禍以前。すべて作者の想像力の産物なのである。男性が次々と死んでいく中、残された女性たちはそれぞれに深い傷を負い葛藤しながら、なんとかして日常を取り戻そうと自分にできることを懸命に続けていく。新生児の隔離や男児の強制疎開、社会を維持するための強制労働など、時に痛みを伴う非情な施策も実施しながら……。

ヘビーな内容で600ページ近い大作だが、頭も心も激しく揺さぶられる。悲しみのどん底から立ち上がり、新しい世界を創っていく女性たちに刺激され、「もし私だったら何ができるだろう、何をするだろう」と、読みながら自分に問いかけていた。コロナ禍の厳しい現状を乗り切る手がかり、自分を変えていくヒントが見つかる力強い物語。

訳／大谷真弓　発行／早川書房（ハヤカワ文庫）　2022・2月刊行

エンタメ

『冬に子供が生まれる』 著者／佐藤正午

小学校時代「マルユウ」と呼ばれていて、今は38歳となった丸田優のスマホに見知らぬ電話番号からショートメールが届く。そこには、〈今年の冬、彼女はおまえの子供を産む〉とだけ書かれていた。彼女とは誰なのか、恋人もいない彼にはまったく見当がつかない。有名人になったかつての同級生を取り上げたテレビ番組で、クラスメイトたちがマルユウについて語っているのを見たときも、自分とは別の人間の話としか思えなかった。そもそも、18歳の「あの日」以来、彼は自分が大事なことを忘れているように思えてならないのだ。自分が自分ではないと感じることさえ、しばしばある……。

18歳のとき、マルユウは友人のマルセイこと丸田誠一郎と佐渡理と一緒に交通事故に遭った。天神山の崖から転落する大事故。一緒にいた大人たちは命を失ったが、三人はほとんど無傷だった。小学生のとき、その天神山で彼らはＵＦＯを目撃している。周囲から奇異の目で見られても、本人たちにとっては事実。事故は、「ＵＦＯを見た子供たちのその後」を取材に来た記者と共に、目撃した場所に向かっている途中で起きた。

大人になって疎遠になったマルユウと佐渡くん、そして彼らを傍観する正体不明の「私」の視点で物語は進んでいく。事故のあと、マルユウとマルセイは、まるで性格や好みが入れ替わったように見えることがあった。時には、親しい友人や親でさえ一瞬、マルユウをマルセイ、マルセイをマルユウと思い違いしてしまうほどに……。

２０１７年に『月の満ち欠け』で直木賞を受賞した著者による受賞後第一作。長い時をかけ紡がれた謎めいた小説は、ＵＦＯや入れ替わりといった奇妙な現象を素材にして、人間の心と人生の不確かさを描く。〈平凡な人生なんていったいどこにあるんだろう〉というフレーズが深く胸に沁みる。

発行／小学館　2024・1月刊

エンタメ

『禍』　著者／小田雅久仁

収録された7つの物語を読み終えたあと、日常が異世界と溶け合って、なんだか自分の周囲がグニャリと歪んでしまったような不気味さに囚われる。作家の恩田陸が〈この想像力、極限〉と激賞し、ホラーマンガの第一人者である伊藤潤二が〈「禍」の悪夢の侵襲によって私は永遠の万華鏡の中に迷い込んだ〉と評したのも納得だ。

書物を読むのではなく「食う」ことによって得られる奇妙な快楽の虜となっていく作家が主人公の「食書」。他人の耳の中に自在に出入りする男に背筋が凍る「耳もぐり」。万物の色を奪う魔物の大群と少年少女が対峙する「喪色記」。痩せた女が好みだったのに、ある日突然、太った女性の魅力に囚われてしまった男がとんでもない事態に陥る「柔らかなところへ帰る」。苗を育てるように人間の鼻を培養している謎の組織で働くことになった青年が主人公の「農場」……。

とてつもなく奇妙で薄気味悪い、それでいてたまらなく蠱惑的な物語を生み出す著者の想像力&創造力に、とにかく脱帽だ。前作『残月記』で吉川英治文学新人賞と日本SF大賞をダブル受賞しブレイクした気鋭の最新作は、これまた恐るべし！

発行／新潮社　2023・7月刊行

一般小説

『リスペクト　R・E・S・P・E・C・T』

著者／ブレイディみかこ

2012年のオリンピックを機に大掛かりな再開発が進められたロンドン東部。高級マンションやモダンなオフィスビル、巨大なショッピングセンターが建ち並ぶニュータウンに生まれ変わったE15地区では、やがて「ソーシャル・クレンジング」が始まった。若年層ホームレスのためのシェルターから出て行くよう行政に求められたシングルマザーたちは、2014年、「E15

ロージズ」というグループを結成。「ソーシャル・クレンジングではなく、ソーシャル・ハウジング（公営住宅制度）を」というプラカードを掲げて街行く人に語りかけ、ロンドン市長に嘆願書を出し、それでも事態が変わらないとなると、退去通知を無視して施設に居座り続けようと決意する……。

ベストセラーとなったエッセイ集『ぼくはイエローでホワイトで、ちょっとブルー』で知られるロンドン在住のライター兼保育士が、２０１４年にイギリスで実際に起きた公営住宅占拠運動をモデルに書いた初めての小説。重いテーマを扱っているが、登場する女性たちの会話が生き生きとしていてリアルで、ぐいぐい引き込まれる。

大人しい性格だったのに、退去通知をきっかけに「あたしはもう黙らない」と奮起し、運動のリーダーとなる白人女性のジェイド。フィリピン系移民の母を持つシンディ。タフで情に厚い黒人女性のギャビー。そんなシングルマザーたちを背後からがっちり支えるのが、ゴシック・パンク風ファッションでブルース・ウィリスに似ている初老の女性ローズ。彼女たちの行動に刺激を受けて、食料や労働力をボランティアで提供し、助け合いの輪を広げ仲間になっていく人々。さらには、E15ロージズ運動を取材するうちに考え方も生き方も変えていく日本の大手新聞社のロンドン駐在員、史奈子……。

読むほどに勇気づけられ、主人公たち同様、〈少しばかりの自分へのリスペクトが起動させる未来〉を信じて、動きたくなるはず。

発行／筑摩書房　2023・8月刊行

エンタメ

『その本は』　**著者／又吉直樹　ヨシタケシンスケ**

芥川賞を受賞したお笑い芸人と、ユーモラスな絵と文で大人気の絵本作家、二人がタッグを組んで、なんとも魅力的な本が誕生した。

〈世界中をまわって『めずらしい本』について知っている者を探し出し、その者から、その本についての話を聞いてきてくれ。そしてその本の話をわしに教えてほしい〉——年老いて、ほとんど目が見えなくなった王様に依頼され、二人の男が旅に出る。

1年後、帰国した彼らは、ベッドから起き上がることもできなくなってしまった王様に一晩ずつ、かわりばんこに話し始めた。〈その者が言うには、その本は……とんでもない速さで走っているため誰も盗むことができない〉〈その本は、地面に落とすとバスケットボールくらいはねる〉〈その本は輪郭も文字もボンヤリしていて、読むことができない〉〈その本は、しおりをたべることによって成長する本だった〉〈その本は、鉄よりかたいときと、豆腐よりやわらかいときがある〉〈その本は、夢のなかでしか読むことができない〉〈その本は、悪魔が封印されているらしい〉〈その本は、ある日の午後に少しだけ浮いた〉〈その本は、まだ生まれていません〉etc.……。

夜な夜な王様に物語を語る男たち同様、著者二人も交互に「その本」について綴っていく。その内容は、よくもまあこんなに多種多彩であり得ない話を思いつけるものだと驚き呆れてしまうほど。クスクス笑えて楽しめる数行から数10行程度のショートストーリーがほとんどだけれど、中にはホラー風味の作品や、胸がキュンと締めつけられる40ページに及ぶ物語も。とぼけた味わいのイラストも、遊び心たっぷり。

発行／ポプラ社　2022・7月刊行

エンタメ

『グレイの森』　**著者／水野梓**

臨床心理士になって4年目、仕事に慣れてきた水沢藍だけれど、対応に悩む相手が二人いた。一人は、これまで息子にしてきた教育について後悔し、相談に訪れた母親。もう一人は、ボランティアとして英語を教えに行ったときに出会った、手首にリストカットの痕が何本もある小学6年生の少女。二人に関わるうちに藍は、ある殺人事件の真相を知ることになる……。

現役の記者でもある著者が、小学校で起きた大量殺人事件に触発されて書いたという社会派ミステリー。子を思う親の愛情のかけ違いから生じた悲劇、被害者家族と加害者家族それぞれの苦しみと向き合う臨床心理士の葛藤を通して、読者もまた否応なく気づかされる。物事も人の気持ちも親子の関係や愛し方も、一面的に白・黒、正解・不正解などと分けられないことに。グレイのグラデーションの中で私たちは生きているということに……。

人間の心の脆さを突きつけつつも、絶望のどん底からすら人は再生できることを語りかけてくる感動作。

発行／徳間書店　2023・11月刊行

一般小説

『照子と瑠衣』

著者／井上荒野

中学2年で出会い、30歳のとき同窓会で再会したのをきっかけにつき合いが始まり、共に70歳を迎えた照子と瑠衣。容姿も性格も真逆で、照子がサバンナの草食獣なら、瑠衣は肉食獣タイプだが、不思議と気が合い、信頼を育んできた。

ある日、照子のもとに、老人マンションに入ったばかりの瑠衣から「助けて」コールが入る。入居者を二分する派閥のどちらにも入らずにいたら陰湿な嫌がらせが始まり、こんなところもう一日たりといられない！と。その電話を機に、照子もまた、45年間連れ添ったモラハラ夫を見限る決心がつく。

〈さようなら。私はこれから生きていきます〉とだけ書いたメモを残し、夫の愛車であるシルバーのＢＭＷを運転して、照子は瑠衣と共に長野の別荘地へ。長いこと使われていなそうな別荘の鍵をドライバーで壊して入り込み、新たな暮らしをスタートする……。

女二人の逃避行を描いたリドリー・スコット監督による1991年のヒット映画『テルマ&ルイーズ』を彷彿とさせるタイトルと設定だが、刹那的で悲劇の予感を孕んでいた映画とは異なり、二人の暮らしはのびやかで明るい。失敗や後悔も多かった来し方をしっかり受け止め、認めたうえで、70年間に身につけたものを生かしつつ、新たなチャレンジを始め、これからの人生を楽しもうとする。

ハッピーエンドではないけれど、希望を感じさせるエンディングが、いい。〈「冴えない、平凡な一生」なんてものはそもそも存在しない〉〈まだまだこれから、なんだってできるわよ、あたしたち〉といった二人の言葉は、決して強がりには聞こえない。人生の価値を決めるのは自分だというヒロインたちの強い意志が、読む者の心にも宿るはず。

発行/祥伝社　2023・10月刊行

エンタメ

『逆転のバラッド』

著者／宇佐美まこと

主人公は、アラ還オヤジ四人組（鄙びた港町に残る、いかにも昭和！で経営難の銭湯みなと湯の主人の邦明。暴力団上がりの釜焚き係、吾郎。儲からない骨董屋のあとを継いだ富夫。第一線を退いて地元支局に異動してきた新聞記者の弘之）。人生の黄昏に入り、いろんなことを諦めざるを得なくなっていた彼らの前に、みなと湯の融資担当で不審死した銀行員、丸岡の婚約者が現れる。彼女から、丸岡の死の真相を聞かされた四人は一念発起。総合病院の改築工事に絡んで蠢く悪人どもに立ち向かっていくのだが……。

不正融資を利用して横領を働く病院や銀行のお偉いさん、利権にからむ政治家、したたかな金融ブローカーや人殺しさえためらわない暴力団組員などを相手にした、どこから見ても勝ち目ゼロの闘い。でも、諦めず、くじけず、正攻法と搦め手を駆使して挑むうち、枯れかけのオヤジたちが次第に輝きを増し、カッコよく見えてくる。事件の真相を追うことで否応なく過去の自分と向き合い、失いかけていた希望や人生を取り戻していく姿に、人間っていくつになっても成長できるんだなあと勇気づけられもする。痛快&爽快な大逆転ミステリーを満喫して。

発行／講談社　2023・2月刊行

エンタメ

『中庭のオレンジ』　著者／吉田篤弘

著者は、独特の世界観を醸し出す短編小説の名手。本書にも、「オオカミの先生の〈ヴァンパイア〉退治」「5391番目の迷える羊」「予言犬ジェラルドと花を運ぶ舟」「遠い場所で響き合う夜の合奏」「天使が見つけた常夜灯のぬくもり」などなど、タイトルからして想像力を刺激する21編が収録されている。

例えば表題作「中庭のオレンジ」は、争いの続く架空の街の図書館の本を中庭に埋めるシーンから始まる。ある人が、オレンジを食べ、本が埋まっている場所に種を捨てたところ、オレンジの木が生え、埋めた本たちから養分を吸収し物語の実をつけていくのだ。

また、「水色のリボン」という物語のヒロインは、子供のころ夢の中に現れた天使に「あなたの右手をくれたら楽しい一生を送れるようにする」と誘われて取り引きして以来、右手に力が入らなくなる。そのため靴ひもをしっかり結ぶことすらできないのだが、「力がなきゃ無理」と誰もが思っている職場で彼女にしかできないことをして人生を楽しんでいる。

ごくごく短い物語なのに、いずれの作品も広がりがあって豊か。読むほどに心が日常から解き放たれ、新たな視点が生まれてくるよう。優れた装丁家としても知られる著者自身によるデザインも美しい。

発行／中央公論新社　2022・12月刊行

エンタメ

『あなたには、殺せません』　著者／石持浅海

「犯罪予備群たちの駆け込み寺」と呼ばれているNPO法人のオフィスに、今日も相談者がやって来る。この悩みを解決するには、あいつを殺すしかないと思い詰めているものの、実行にうつすのをためらっている男や女たちが……。

応対するのは、20代にも40代にも見える特徴のない容姿で、冷静極まりない口調で話す相談員。誰を、どうやって殺すつもりか丹念に話を聞いては可能性の有無をとことん検証し、犯行計画の穴を次々と指摘していく。そう、このNPOの目的は、犯罪の発生を未然に防ぐことなのだ（建前としては）。

その方法では無理、この方法でもダメ、「だから、あなたには、殺せません」と論破され、一度は諦めて家路に就く相談者たちだが、募りに募った殺意はそう簡単に消えるわけじゃない。彼

ら、彼女らは、その後、どうするのか……。
収録された5つの物語は、相談に訪れる人々のキャラも事情も動機もターゲットも、実にさまざま。それぞれに捻りとウィットの効いた結末に、唸らされたり、そうきたかとニンマリしてしまったり。殺人絡みの話で楽しいというのは憚られるが、さくさく読めて楽しめちゃうニュータイプのミステリー。

発行／東京創元社　2023・7月刊行

一般小説

『四つの白昼夢』　著者／篠田節子

収録された4編は、白昼夢の中に読者を引きずり込むような不思議な味わいなのに妙にリアル。さすがは小説巧者！と唸らされる秀作ぞろいだ。

30代の夫婦が理想の家に移り住んだところ、天井から何かをズルズル引きずるような音が聞こえてくる「屋根裏の散歩者」。多肉植物に魅せられ、仕事も家庭も失って落ちていく男を描く「多肉」。夜更けの電車に忘れられた遺骨から、才女好きと噂された男の家庭生活がひもとかれる「妻をめとらば才たけて」……。ホラーっぽく始まったのにやがて温もりに包まれる作品もあれば、どんどん怖くなっていき衝撃のラストにゾゾゾッと背筋が凍る短編も。

特におすすめなのが、ラストに収録されている「遺影」。義母の葬儀のため遺影にふさわしい写真を探す主人公の由佳。しかし、義母は長いこと認知症を病んで無表情だったため、いい写真が見つからない。やっと自然な笑顔の写真が見つかったと思いきや、肩先に男性の手が映り込んでいた。

由佳自身が撮ったもので、場所も認知症初期だった義母をよく連れて行った森林公園だと思い出したけれど、男性とのツーショットを撮影した覚えはまったくない。軽く抱き寄せているように見える手の主は、いったい誰なのか……。背筋ゾクゾクものかと思いきや、予想外の結末に胸がキュン。切なくもやさしい気持ちに満たされる。

発行／朝日新聞出版　2024・7月刊行

一般小説

『spring』　著者／恩田陸

国際ピアノコンクールに挑む四人の若者たちを主人公にした前作、『蜜蜂と遠雷』は、文章から音楽が聞こえてくると大絶賛され、直木賞と本屋大賞を史上初めてダブル受賞。映画化もされてベストセラーとなった。人気・実力ともトップクラスの作家が最新作で描いたのは、バレエの世界。天才的なバレエダンサーにして振付家としても天賦の才を持つ萬春《よろずはる》の成長が、語り手を変えながら全4章で多角的立体的に描かれていく。

第1章の語り手は、海外のバレエ・スクールへの留学者を頻出するワークショップで春と出会い衝撃を受ける中学3年生の深津純。第2章は、春の叔父で、彼を幼少期から見守り、その内面を豊かにする役を担う大学講師の稔が語り手だ。第3章は、春と共にバレエを学び、やがて作曲家として才能を開花させていく滝澤七瀬の語り。そして最終章は、春自身の視点で描かれる。

構想と執筆に10年の歳月をかけたという物語には、著者がこれまでに見たり聞いたり読んだりした、ありとあらゆる舞台、絵画、映画、音楽、文学に関する知識がこれでもかと盛り込まれている。著者オリジナルのバレエ作品がいくつも登場するのだが、実在している作品と思い込んで検索してしまうほどのリアリティ。読みながら音楽が聞こえ、伸びやかに踊る姿が見えてくるようだ。

自分の理想とするものに向かって、ひたすら邁進する春。神に愛されているとしか思えないその天才ぶりに戦慄しながらも僻んだり妬んだりすることなく、春と出会ったことで生まれる自身の化学反応を楽しみ、それぞれに大きく成長していく純と七瀬。三人の関係も、さわやかで清々しい。

メインの登場人物がみんな美男美女かつ天才的才能の持ち主で、一昔前の少女マンガみたいではあるのだけれど、一気読みせずにいられない面白さ！

発行／筑摩書房　2024・3月刊行

エンタメ

『ファラオの密室』　著者／白川尚史

第22回「このミステリーがすごい！」大賞を審査員の満場一致で受賞した物語の舞台は、紀元前14世紀のエジプト。しかも主人公はなんとミイラだ。

王墓の内壁に呪文を刻む仕事を主導していた神官書記のセティは、気がつくとミイラになって冥界の入り口にいた。半年前に命を落としミイラの処置をされたらしいのだが、心臓に欠けがあるため審判を受けられず、現世に戻って心臓の欠片を探すよう言い渡される。与えられた猶予期間はわずか3日。その間に見つけられなければ、魂は永遠にさまようことになるという。

死んだときの記憶を全て失った状態でセティは現世に蘇り、ミイラの姿で捜索をスタート。「あれ、お前、死んだんじゃなかった？」なんて驚かれながら、関係者に事情聴取を重ねていくのである。やがてわかってきたのは、自分が王墓での崩落事故に巻き込まれたあげく、何者かにナイフで刺されたらしいこと。いったい誰が、なんのために⁉

動揺しながら捜査を進めるうち、先王のミイラが葬送の儀の当日、密室状態であるピラミッドの玄室から忽然と消えて別の場所で発見されるという事件が勃発。セティは親友のミイラ職人と協力しながら、ファラオの遺体消失事件にも挑むことに……。

奇想天外な設定で、搾取する側とされる側の格差の問題や親子関係の機微を描き、謎解きの楽しさも堪能させてくれるミステリー。ハラハラドキドキワクワクのあとに、心あたたまるラストが待っている。

発行／宝島社　2024・1月刊行

一般小説

『パッキパキ北京』

著者／綿矢りさ

元銀座のホステスで、20歳年上のエリートと結婚した菖蒲《あやめ》は、「剛力彩芽に悪霊を乗り移らせたみたいな」美人でブランドが大好き。36歳になってもマイクロミニのスカートが似合うと自負している。

結婚して間もない2019年の秋に夫が北京へ単身赴任。独り身を満喫し、コロナ禍が始まっても日本各地への旅やショッピングを満喫していた菖蒲だが、中国に馴染めず適応障害気味だという夫の求めで2022年11月、北京に行かなければならなくなる。

初めての中国で、言葉もまるでわからないにもかかわらず、菖蒲の行動力は一向に衰えない。SNSで見つけた日本語勉強中の中国人カップルと共に、時には一人で、厳しい隔離政策が終了した（でもコロナ禍の渦中ではある）北京の街を自由気ままに歩きまわり、精力的に味わい尽くそうとするのだ。

著者自身、2022年の冬から翌春にかけて北京に滞在していたという。その実体験と、17歳で作家デビューしてから22年にわたり第一線で活躍してきた鋭い観察眼に裏打ちされた小説には、中国の現在（高級料理から超ローカルフードに至る食、ファッション、カオスすぎる交通事情、北京っ子たちの生態etc.）が生き生きと写しとられていく。

主人公の菖蒲は、実の母親からさえ〈あんたって子は、物は盗らないけど、本質的には泥棒だ！〉と罵倒され、妹からは塩をまかれるような超身勝手人間。〈私にとって知性とはムカつく相手をどれくらい早く言い負かせるかだし、教養とは狡い男に騙されず自分の好きなように生きるスキルのこと〉なんて断言しちゃうやつだ。だから、読み始めてしばらくは、軽薄でイヤな女としか思えない。でも、物語が進むにつれ、頼もしく、愛おしく、羨ましく思えてくる。

怒りや焦りはお肌に悪いから顔に出さないと心に決めている彼女は、どんなときでも平常心を保ち、誰に何を言われようと〈面の皮厚蔵〉でへこたれない。〈もし上手くできなくても、勝ちには変わりない。なんでなら最初から勝ってると自分で決めてるからよ〉〈私が私を見捨てる日は永遠に来ない〉と開き直ってしまう。そんな菖蒲式「精神勝利法」を取り入れれば、生きるのが楽になるかも。

発行／集英社　2023・12月刊行

エンタメ

『ジェンダー・クライム』　**著者／天童荒太**

土手下の草地で見つかった中年男性の全裸死体。肛門に詰め込まれた紙には〈目には目を〉という言葉が書かれていた。やがて被害者の息子が、3年前に集団レイプ事件で逮捕され、示談となって釈放された犯人の一人だということが判明する。

その事件の被害者——合コンでレイプドラッグを飲み物に入れられ、意識のないまま蹂躙された女子大生は、以来ずっと引きこもり状態。レイプ犯たちとその家族は謝罪するどころか権力と金の力で被害者一家を脅し、告訴を取り下げさせていた。興味本位のマスコミや世間の心ない中傷にさらされた被害者の兄と両親も心に深い傷を負い、家庭は崩壊の危機にあった。

複雑に絡み合った事件の背景を解きほぐしていくのは、捜査本部の一端に加えられた鞍岡という強行犯係の中年警部補と、捜査一課に抜擢されたばかりの志波。鞍岡は、かつて捜査一課のエースだったが、ある事件がきっかけで異動を余儀なくされた過去を持つ。一方、5年前捜査中に大ケガを負ったという志波は、体育会系っぽい見かけの青年だがフェミニストで、事情聴取中の上司に「ご主人や旦那さんではなく『夫』、奥さんではなく『○○さん』と名前で呼ぶべき」などと忖度なしで注意を繰り返す。

『永遠の仔』や『悼む人』など数々のベストセラーを送り出してきた実力派が、ジェンダー・クライム（性にまつわる犯罪）に真正面から挑み、日本社会に連綿と受け継がれてきた常識や慣行が性犯罪やセクハラを生む要因の一つになっていることをあぶり出していく。正義漢だが男意識の強かった鞍岡が、後輩である志波との関わりの中で変わっていく様子も興味深い。二人の過去に思いがけないつながりがあったことが明かされるラストにホロリ。

発行／文藝春秋　2024・1月刊行

生きるのが楽になる本

一般小説

『団地のふたり』

著者／藤野千夜

売れないイラストレーターのなっちゃんと、大学の非常勤講師として働くノエチ。幼なじみの二人は50代になっても仲良しで、昭和のにおい漂う古びた団地に住んでいる。気が向くとノエチがなっちゃんの部屋を訪れ、ご飯を食べながら、のんびりだらだらお喋り……。

そんな二人のたわいもない日常とゆる〜い会話を綴っただけの物語は、たまにケンカとも呼べない仲違いをするくらいで、これといって何が起こるわけでもない。起承転結も盛り上がりもない。ただただ淡々と穏やかな日々が過ぎていくだけなのだが、読んでいると、うららかな春の日に陽だまりの中で猫を撫でているような気分に。と同時に、団地の再開発計画等によって、そんなかけがえのない日常にいずれ終止符が打たれるだろうことが示唆され、うっすらとした切なさも漂う。

平々凡々だけれど懐かしくてあったかい暮らしの尊さがじんわりじわじわ沁みてくる物語。つらいニュースが多い昨今、読むほどに、緊張していた心がふうっとほころんでくるよう。

発行／U-NEXT　2022・3月刊行

エンタメ

『ポンコツ一家』　著者／にしおかすみこ

SMの女王様スタイルで行う漫談で人気を博していた著者。このところ姿を見ないなあ、いかにも一発屋って感じだったしなあ……などと思っていただけに、2年半前に実家に戻ってからの日々を綴ったという本書を読んで、感動ひとしお。大いに泣き笑いさせてもらった。

コロナ禍の影響もあって仕事がほとんどなくなってしまい、2020年6月、久しぶりに帰省してみたら、実家はゴミ屋敷状態。テーブルの上は、割りばしが突っ込まれたまま干からびたカップ麺やセメント色に変色したミカン、黒炭のようなバナナの皮などで埋まっていた。かつて看護師をしていた80歳の母が認知症になっていたのである。おまけに81歳の父は酒に溺れる酔っ払いで、47歳の姉はダウン症。それから介護の日々が始まる。

〈全員ポンコツのポンコツ一家〉で〈先を考えると絶望的で不安しかない〉という状況にもかかわらず、ドタバタの日常を綴る筆致はユーモラスで、家族への深い愛が滲む。要介護者を抱えた暮らしの実態が痛いほどわかって身につまされると同時に、介護をするうえでのヒントも満載のエッセイ集。家族の介護等で行き詰まったとき手に取れば、笑顔を取り戻して前向き&無理せずに頑張れそうだ。

発行／講談社　2023・1月刊行

人生相談

『子どもお悩み相談会　作家7人の迷回答』　著者／角田光代ほか

第一線で活躍する作家たちが、子供たちの相談に答えていく。〈料理や手芸など細かいことがヘタです〉〈すらすら単語が思い出せません〉〈人との沈黙が続くと焦ります〉〈どうしたら人にほめてもらえますか〉〈積極性がないとダメかなあ？〉〈いつも探し物をしています〉〈なんでも後回しにする癖がぬけません〉〈趣味がありません。つまらない人間ですか？〉〈すぐクヨクヨしちゃいます〉〈どうしたら夢って叶うの？〉……そんな質問に答えるのは、角田光代、高野秀行、髙橋秀実、津村記久子、東直子、町田康、三浦しをんというゴージャスな7人。

子供向けのお悩み相談スタイルをとっているけれど、むしろ常識や世間の目に囚われがちな大人こそ読んで楽しく役に立つ。珍回答や迷回答にクスクス笑っているうちに、肩の力が抜け、頭が柔らかくなり、心も軽やかに。

発行／中央公論新社　2022・12月刊行

自伝

『私のことだま漂流記』

著者／山田詠美

1985年、『ベッドタイムアイズ』で衝撃的にデビューして以来、第一線を走り続けてきた作家が、幼少期から現在までの人生を掘り起こし、なぜ小説を書き始めたか、どんな作家や作品の影響を受けてきたか、どうして書き続けているのかを、飾らず気負わず、ユーモアを織り交ぜながら綴っていく。

本の帯に「自伝的小説」と銘打たれているのだが、読んだ印象はエッセイに近い。小学校でひどいいじめにあったこと。将来への展望を描けずにいた20代の前半、宇野千代の自伝『生きていく私』を読み、心の中で師と仰ぐようになったこと。ホステスとして働いていた過去やエロ漫画を書いていた時期のこと。パートナーが黒人男性だったことなどを理由に、新人作家時代だけでなく直木賞を受賞したのちも多方面からバッシングされ、脅迫状まで届いたこと。「女のくせに」「若僧のくせに」「水商売あがりのくせに」「黒人とつき合っているくせに」といった誹謗中傷にくじけそうになっていたとき力づけてくれた野坂昭如、田中小実昌、河野多恵子、水上勉といった今は亡き大先輩たちのことetc.……。

山田詠美という作家の〈「根」と「葉」にさまざまな影響を及ぼした言霊〉に本書を通して触れることで、読む側もたくさんの気づきや勇気、生きていくためのパワーを得られるはず。心の滋養強壮剤。

発行／講談社　2022・11月刊行

エンタメ

『人生、山あり谷あり家族あり』

著者／岸田ひろ実

1968年生まれの著者の人生は、このエッセイ集のタイトル通り、まさに「山あり谷あり」だ。長男は知的障害を伴うダウン症だし、夫は39歳の若さで心筋梗塞のため急逝。2人の子供を抱えて孤軍奮闘していたが、2008年、今度は自身が大動脈解離で倒れ、後遺症で下半身麻痺になってしまう。普通なら絶望し、人生を投げ出したくなって当然なのに、彼女は長女から言われた〈ママ、死にたいなら死んでもいいよ〉という言葉で逆に自殺を思いとどまり、開き直って発奮。ユニバーサルデザインのリサーチやコンサルティングを行う会社に入ると、車椅子で全国に出かけ、年間180回以上の講演を行うようになる。

現在も、コロナ禍で息子のショートステイ先やヘルパーさんが見つからず、老いた母親の認知症が日に日に進んで悩みは増える一方だというのに、なぜ絶望せずにいられるのか。幸せを感じ、前を向き続けられるのか……。

七転び八起きの人生を、ユーモアを交えて綴った体験記は、ハッとさせられる言葉の宝庫。〈生きることだけを考えていたら、頑張って這い上がろうとしなくても、会うべき人に会えていろいろな機会を与えていただくことができる〉〈一歩一歩這うように歩き続けていたら、いつの間にかなだらかな上り坂になっていた〉etc.……。どんな苦しみの中にいる人にも元気と勇気を分けてくれる一冊。

発行／新潮社　2022・5月刊行

エンタメ

『泣きたい夜の甘味処』　著者／中山有香里

仕事で一日中さんざんな目に遭ったビジネスマン、会社を辞めて途方に暮れているＯＬ、パートナーを亡くした女性、心配性の母親などなど、仕事や人間関係で疲れた人々が灯りに誘われ、真夜中だけ営業している甘味処へ。

カウンターで迎えてくれるのは、エプロンをつけた熊と大きな鮭。メニューは、その日限定の一品だけなのだが、「今日はこれ」と出してくれる手作りスイーツの美味しそうなこと！　昔ながらのドーナツ、いちご大福、干し柿とクリームチーズのパウンドケーキ、さつま芋とミルクアイスのパフェｅｔｃ．……。食べると、みんな元気を取り戻し、笑顔で夜の街へと踏み出していく。

イラストレーターで看護師でもある著者によるコミックエッセイ集は、絵もストーリーもほっこりしていて、疲れた心にジンワリ沁みる。レシピ付きなのもうれしい。

発行／KADOKAWA　2022・1月刊行

エンタメ

『エイリアンは黙らない』　著者／チョーヒカル

著者は、「UNUSUAL ART」（非日常のアート）と題して、自身の体やさまざまなモノに緻密&リアルな絵を直接描く作品で注目されているペイントアーティスト。人間の顔だけが馬に様変わりしていたり、後頭部が電球になっていたり、皮膚の切れ目から心臓がのぞいていたり、バナナの房の1本だけが本物の胡瓜に見えたり……。ちょっとネットで検索してみて。見たら、え、何これ!?と絶対に驚くはずだから。

中国人の両親のもと東京で生まれた彼女は、日本でも中国でも外国人扱いされる自身のルーツに悩み、その葛藤から人種や国籍や性別で人を判断することにアンチテーゼを示したいと思うようになったそう。その結果として、型にはまらない在り方を提示する作品を作り続けてきた。

だからだろうか、このエッセイ集にも胸に響く言葉がてんこ盛り。例えば、〈時々自分が全くのエイリアンみたいに思える。変な発言をしてしまうこと、国籍がみんなと違うこと、「女らしく」できないこと。だから私はエイリアンを隠して、意識しないように生きてきた。そうしたらどうだ、いつの間にかすっかり自分がよくわからなくなってしまっていた。…（中略）…だけど、こうも考えられないだろうか。私たちはみんなエイリアンで、みんな一人ひとり違って、違うということだけが私たちに共通していることだと〉。

常識・非常識という区分けのほとんどは、思っているよりずっと流動的なものだと著者は言う。「女らしさ」を強いられることや、何かにつけて「耐え忍ぶ」ことが美徳みたいに語られるのもナンセンス。私たちはもっと怒ったり、叫んだりしたっていいんだ、とも。世間の目や常識に囚われて、今がつらいと感じているなら、一読の価値あり。

発行／晶文社　2022・1月刊行

ノンフィクション

『53歳の新人　NHKアナウンサーだった僕の転職』　著者／内多勝康

NHKのアナウンサーとして活躍していた著者が転職したのは、2016年、53歳のとき。新しい仕事は、医療ケア児（人工呼吸器など日常的な医療ケアが必要な子供たち）と、その家族のための短期入所施設の責任者だ。本書には、転職の経緯と今の仕事のやりがいなどが綴られているが、よくある転職成功談ではない。

恵まれた職場で社歴を重ねるにつれ、求められる役割と自分のやりたいこととのバランスが取れなくなり、飲んでグチを言うことで憂さ晴らしをしていた過去。アナウンサーとして医療ケア児や親たちを取材し、自分も何かの役に立てたらと思うものの、踏ん切りがつかずウジウジしていた日々。いつものように飲み屋でぼやいていたときに、ある人に背中を押され、「え～本気でNHK辞めるつもりはないんだけどなあ。でも、ちょっとでも社会を変えられるなら思い切って飛び込んでみようか」なんて迷っているうちに、あれよあれよという間に転職が決まり、新しい職場で慣れない仕事に右往左往していること……。そんなトホホな現実や50代での転職の難しさもありのままに記されている。人生の中で50代をどう位置づけ、いかにして充実させるかというヒントをくれる一冊。

発行／新潮社　2022・4月刊行

エッセイ

『おつかれ、今日の私。』　著者／ジェーン・スー

著者は、作詞家やプロデューサーとしても活躍する人気コラムニスト。〈今日の疲れは今日のうちにさよならする〉ためのコツと心の持ち方について自身や身近な人たちの体験から考え、自分を慈しむためのセルフ・ケアの極意を具体的にアドバイスしてくれる。

〈最近、なんにも報われない〉と思っている人、〈つまんないのだ飽きているのだ、自分と日常に〉と感じている人、〈取り返しのつかない失敗〉をしてしまったと落ち込んでいる人、〈思い出し怒り〉におののいてしまう夜がある人は、一度手に取ってみて。軽妙な語り口で、固い頭を柔らかくし、元気づけてくれるエッセイ集。

発行／マガジンハウス　2022・12月刊行

一般小説

『リカバリー・カバヒコ』　**著者／青山美智子**

新しくできたマンションの近く、日の出公園に置かれた古びたカバの遊具は、街の人々から「リカバリー・カバヒコ」と呼ばれている。自分の体の治したいところと同じ箇所を撫でると回復すると言われていたからだ。

都市伝説に決まってる、バカバカしいと思いながらも、傷つき悩める人々が、半信半疑でカバヒコに触りに来る。ストレスで耳がおかしくなったＯＬ、駅伝がイヤで足を捻挫したと嘘をついたら本当に痛くなってしまった男の子、人間関係をこじらせている若い母親ｅｔｃ.……。もちろんカバヒコに不思議な力があるわけじゃないのだが、心の拠り所や支えとなる存在を持つことで、それぞれが一歩を踏み出していく。ハートフルで癒される連作短編集。

発行／光文社　2023・9月刊行

エッセイ

『好きになってしまいました。』　著者／三浦しをん

『まほろ駅前多田便利軒』で直木賞、『舟を編む』で本屋大賞、『あの家に暮らす四人の女』で織田作之助賞、『ののはな通信』で島清恋愛文学賞と河合隼雄物語賞を受賞した人気作家は、エッ

セイの名手としても知られている。

3年半ぶりのエッセイ集となる本書も、日常（ときどき非日常）のとりとめもない思いや出来事、自分の好きなヒト・コト・モノについて綴っているだけなのに、幸せ&豊かに生きていくうえで大切なことがじんわりと伝わってくる。押しつけがましさを感じさせない、さりげなくてユーモラスな筆致だからこそ、ストンと読む者の胸に落ちるのだ。

平々凡々でつまらない「昨日と同じ今日」の連続に思えたとしても、日常のどこにでもトキメキや胸キュンやワクワクの種が転がっている——そのことにハッと気づかされる。

発行／大和書房　2023・2月刊行

エッセイ

『隆明だもの』

著者／ハルノ宵子

漫画家・エッセイストとして活躍する著者は、吉本隆明の長女で、作家の吉本ばななを妹に持つ。母は俳句の才に優れ、2冊の句集を出している。本書は、そんな彼女が、2012年に亡くなった父とのエピソードを軸に、家族とその周囲の人々について忌憚なく綴ったエッセイ集だ。

吉本隆明といえば数多の知識人に影響を与え尊敬されてきた「戦後思想界の巨人」だけれど、いやあ、こんなに凄まじくヘンテコな人だったとは……というか、お母さんもかなりヘン、いやいや娘たちもヘン……。あまりのヘンテコぶりに驚き呆れ笑ってしまう。ただし、そのヘンテコのいくつかは世の中の常識と照らし合わせるからヘンなのであって、確固たる芯がある。要領が悪くて生きるのが下手くそだけれど、人として極めてまっとうとも言え、読んでいて清々しい。

妹のばななさんは早くに家を出たが、著者は両親が亡くなるまで同居。晩年、ほとんど目が見えず脚も悪くなっていた父や、病気がちな母の介護も引き受けていた。とはいえ、その様子を綴る筆致はあくまでユーモラスでドライ。両親のトホホな部分も思い切りさらけだし、シビアに分析してみせる。それでいて、根底にある父母への敬愛の念が文章の端々から伝わってもくる。

〈群れるな。ひとりがいちばん強い〉〈普通に生きてる人が一番エライ〉と父に刷り込まれて育ったという著者は、とことんゴーイング・マイウェイ。超がつく猫好きで、何匹も飼うだけでは飽き足らず、1年365日深夜に自転車で〈猫巡回〉と称する野良猫観察に出かけるのが習慣だ。医師に〈お父さんは今夜が山〉と告げられた夜も、当然のように猫巡回に行ってしまう。そのため父の死に目に会えず〈やっちまった〉と思う一方で、父なら最期の瞬間にそばにいるより〈その時お前は本当にお前らしい事をしていたか？〉と私に尋ね、〈もちろん〉と答えるほうを喜ぶはずと確信もしている。

世の中の常識や他人の目に縛られがちな人におすすめ。型破りな家族&親子関係に驚いたり、笑わされたり、時に呆れたりしながら読み進むうち、なんだか気持ちが軽くなっていく。巻末に収録された妹ばななさんとの対談も興味深く面白い。
発行／晶文社　2023・12月刊行

エッセイ

『死なれちゃったあとで』　著者／前田隆弘

フリーランスの編集者・ライターとして活躍する著者が、身のまわりで起き今も忘れられない死にまつわるあれこれを回想。親友、後輩、祖母など身近な人だけでなく、旅先でたまたま出くわした事故やネットを通じて知り合った相手との交流が途絶えたことなども一つの死としてとらえ、「死なれちゃったあとで」考えたことを綴っていく。

胸が痛み、涙せずにいられないエピソードもあるけれど、「死」を題材にしていても決して悲観的ではなく、筆致も軽やかだ。それは著者が、死と向き合うことで生きていく希望を探しているからなのだろう。「人間、死ぬときはあっけない」ということを実感させられると同時に、どんな人生にも意味があるのだと気づかせてくれる。死を真正面から見つめる文章を通して、生というものの輝きが見えてくる。

発行／中央公論新社　2024・3月刊行

一般小説

『彼女たち』　**著者／桜木紫乃　写真／中川正子**

直木賞作家と人気写真家がコラボしたフォトストーリー。50代のイチコ、30代のモネ、70代のケイ……年齢も暮らしぶりも異なる女性たちの日常をシンプルなのにあたたかな言葉で切り取った3編に、木漏れ日のような柔らかな光に満ちた写真がたっぷり添えられている。

特に心に残るのが、イチコの愛猫であるジョンの視点で描かれる「ジョンとイチコ」という物語。〈自分を生きる方法を手に入れたイチコさんは、どんなでこぼこ道も、ひとりで歩く。喜びも失敗も、ぜんぶ自分のものだ〉というジョンの語りに胸がキュンとなる。

イチコやモネを遠くから見守るコーヒーショップのオーナー、ケイのつぶやきも忘れられない。〈つよく生きる彼女が、思い出と連れそう日々と上手に手をつなげますように。いつか「つよく」から「つ」が抜けて、「よく生きる」になります。だいじょうぶだよ。あなたたちにはいまを乗り越える力があること、わたしは知っているの〉という言葉は、読み手のかさついた気持ちまで潤し、あたため、自分の歩幅で歩けるようそっと背中を押してくれる。しんどいときに、きっと読み返したくなる。

発行／KADOKAWA　2023・10月刊行

エッセイ

『ずっと、おしまいの地』　著者／こだま

2017年、『夫のちんぽが入らない』という私小説がベストセラーになり、40代で衝撃的デビューを飾った著者。その後、自身が生まれ育った田舎の集落での日常を綴ったエッセイ集『ここは、おしまいの地』も話題を呼び、エッセイストとして注目されるようになる。本書は、次作『いまだ、おしまいの地』に続くシリーズの3作目だ。「文化の最果て」と著者自身が呼ぶ何もない土地での一風変わった家族との暮らしは、不条理と切なさに満ち満ちているのに、妙におかしい。

このエッセイ集に魅せられた歌人の木下龍也氏いわく〈傘をくれる本ではない。晴れをくれる本でもない。あなたが冷たい雨に打たれるとき、一緒にずぶ濡れになって笑わせてくれる本だ〉。うまくいかないことだらけで人に誇れるようなものもない自分や家族を客観的に見つめ、諦念と共に肯定していく著者の、「どん底で得た力」が、読む者の孤独や悲しみも支えてくれる。

発行／太田出版　2022・8月刊行

エッセイ

『老いてお茶を習う』　著者／群ようこ

軽妙なエッセイで人気を博してきた著者が、68歳にして茶道を習い始める。20年以上前、担当編集者だった女性が「完全リタイアしたら茶室を作って、お茶の先生になりたい」と話すのを聞き、「そうなったら弟子になる」と約束していたのだ。

古希を間近にした新たなチャレンジは、〈やる気はあるが、座るのが難しい〉〈同じ動作が記憶からこぼれおちる〉〈お茶がおいしく点てられない〉といった章タイトルや小見出しからうかがえるように、戸惑いと失敗と恥をかくことの連続。でも、失敗も含め、人生初の体験を楽しみ、学ぶ面白さを堪能していることがウィットに富んだ文章から伝わってきて、読んでいるこちらもウキウキワクワクしてくる。
何かを始めるのに遅すぎるなんてことはない。残りの人生の中では、今が一番若い。やりたいと思ったときが、始め時。著者に倣って、なんでもいいからトライしてみよう。

発行／KADOKAWA　2024・3月刊行

エッセイ

『百歳の哲学者が語る人生のこと』　著者／エドガール・モラン

著者はフランス人の哲学者。1921年にパリでユダヤ人の両親のもとに生まれた。第二次大戦中、ナチスの手を逃れて20代でレジスタンスの一員となり、「パリ解放」を勝ち取ったという。戦後は、マルグリット・デュラスなどの作家や詩人たちと盛んに交流しながら哲学・社会学・自然科学の分野で活躍し、現代フランスを代表する知識人の一人となった。

激動する世界を一世紀にわたり見つめてきた彼が、その体験から培われた思想と、人生というものの奥深さをシンプルな言葉で綴った本書は、胸に響くフレーズの宝庫。〈生きるとは、不確かな大洋を航海することだ。ときどき確かな島々で食料や物資を補給しながら〉〈人間は善でも悪でもない、複雑で移り気なものだ〉〈誤りを過小評価するという誤り〉〈常識なり自明だと思われることについても驚き、問い直すこと〉〈リスクを全面的に排除しようとすれば、人生を全面的に排除することになる〉〈希望とは希望し得ぬものを待つことである〉などなど、心の片隅にメモしておきたくなる。

訳／澤田直　発行／河出書房新社　2022・6月刊行

エンタメ

『火曜日のくま子さん』　著者／高橋和枝

人気絵本作家が、40代・独身・在宅で働く女性の7年間を熊の「くま子」さんの姿で描く、ほっこり漫画。

くま子さんは、特別なことをするわけじゃない。なんとなく怠くて朝からベッドでウダウダしていた一日の終わりに亡き母のことを思ったり、道路に横たわっているおじさんを見かけて寝ているのか倒れているのか迷ったあげく何もしなかったことを後悔したり、近所の山に登ってリフレッシュしたり、引き受けた仕事が終わらず徹夜しているときに「眠っている間に小人が代わりにやってくれたらいいのに」などと妄想したり、帰り道に見あげた夜空で輝く満月に癒されたり……。

そんなささやかな日常を丁寧に淡々と積み重ねていく彼女は、パートナーも子供もおらず、収入もそこそこ。有名でもなければ、もう若くもない。でも、〈仕事も好きだし友達もいるしひとりの時間もいい。春がくることがあたり前じゃないと、若い頃よりずっと深く知っている〉と心から思える。なんともいい味わいを醸し出しているのだ。読み終えたあと、パートナーや子供のいるいないにかかわらず、読者の誰もが、「そうそう、私は私でいいんだよね」と思えてくるはず。変わり映えしない日常が、実はとてもかけがえのないものだということが、じんわりと胸に沁みてくる。

発行／中央公論新社　2022・4月刊行

エッセイ

『だれも私たちに「失格の烙印」を押すことはできない』

著者／キム・ウォニョン

韓国で2018年に「今年の人権書」に選ばれ、ベストセラーとなったのが本書。著者は、生まれつき骨が脆い骨形成不全症という難病のため車椅子を手放せないが、弁護士兼俳優として活躍してきた。そんな自身の体験も踏まえて、「すべての人に尊厳があるとしたらその根拠は何か?」と、古今東西の事例や書物をひもときながら自問自答。そうして思索を深めていったうえで、とかく「失格の烙印」を押されがちな障害者やLGBTの人々も含め、あらゆる人生に価値があり美しいのだということを、理性的かつ論理的に説いていく。

以前、韓国で障害者の真似をする健常者のSNSが炎上したこと。障害のある体に性的欲望を感じる「ディボティー」と呼ばれる人々が存在すること。共に聴覚障害者であるレズビアンのカップルが、過去何代にもわたって聴覚障害のある一族の男性をわざわざ探して精子を提供してもらい、あえて聴覚障害のある子をもうけたことetc.……本書で取り上げているさまざまなエピソードに衝撃を受ける人も多いと思う。しかし、それらを切り口に、著者自身が問い続けた果てに搾り出す言葉に触れることで、激しく心揺さぶられる。時に涙し、考えさせられもする。障害の有無に関係なく、常識に囚われがちな心の扉を開き、自分の人生を主体的&豊かに生きるための大きなヒントとなる一冊だ。

訳／五十嵐真希　発行／小学館　2022・12月刊行

エッセイ

『夢みるかかとにご飯つぶ』　著者／清繭子

著者が子供のころに抱いた最初の夢は「黒柳徹子になりたい」というもの。その後、シンガーソングライター、女優、ＮＨＫのアナウンサー……と夢は変われど、どれも叶わず、出版社に入社。働きながら今度は小説家を目指すが、結婚して2児の母になってからは小説を書くための時間などなくなってしまう。

17年間務めた会社を辞めたのは2年前。40歳を目前にしても「小説家になりたい」「私に期待していたい」という思いを捨て切れなかったからだという。ライターとして働きながら、さまざまな新人賞に応募するものの、いい線までいっても毎回落選。それでも諦め切れず、子供を保育園や学校に送り出すと、仕事や家事の合間に次なる小説を書き続けていた……。

　そんな日々をブログにアップしていたところ、出版社から声がかかり、エッセイ集として刊行されたのが本書。〈何者かになりたがって、あがいて、失敗して、言い訳している、みっともない日々〉〈みっともないけど、たのしみな日々〉が率直に綴られていて、共感したり、身につまされたり。

　歳を重ねるにつれ、夢を抱き続けることを「いい歳して青臭い」と考えがちだけれど、著者のように「自分に期待する」のをやめない生き方もいいじゃん、と思えてくる。

発行／幻冬舎　2024・7月刊行

エッセイ

『国道沿いで、だいじょうぶ100回』

著者／岸田奈美

中学2年のときに父親が急逝し、4歳下の弟はダウン症で知的障害があり、高校1年のときには母親が病で下半身の感覚を失って車椅子ユーザーに……。そんなシビアな環境にありながら軽快&ユーモラスな筆致で日々のあれこれを綴った文章がネットで話題を集め、一躍、人気エッセイストとなった著者。最初のエッセイ集『家族だから愛したんじゃなくて、愛したのが家族だった』は、NHKでドラマ化もされ話題を呼んだ。

3作目となる本書も、どんなつらいこと大変なことも前向きにとらえようとするスタンスと、オリジナルな表現力で読者をぐいぐい引き込んでいく。吹き出したり涙したりしながら読み進めれば、身のまわりの世界が愛おしく見えてきて、「うん、私も、ありのままの自分でだいじょうぶ」と思えてくる。（P72の『人生、山あり谷あり家族あり』の著者は母親）

発行／小学館　2024・5月刊行

対談

『モヤ対談』　著者／花田菜々子

数々の書店で店員として働いたのち、2022年に高円寺で「蟹ブックス」という書店を開いた著者。独立前も、『出会い系サイトで70人と実際に会ってその人に合いそうな本をすすめまくった1年間のこと』というタイトルそのままの内容の本を書き、WOWOWでドラマ化されるなど、カリスマ書店員として本好きの間では広く知られていた女性だ。

そんな彼女自身が読んで心打たれた本の著者たち20人を招き、語り合った。ヨシタケシンスケ（絵本作家）とは「大人だって完璧じゃない」というテーマで。窪美澄（作家）とは「子持ちの恋愛」について。山崎ナオコーラ（作家）とは「家事と生産性」について。田房永子（漫画家）

とは「家族という呪縛」というテーマで。また、ブレイディみかこ（ロンドン在住ライター）とは「エンパシーの鍛え方」について。荒井裕樹（文学者）とは「マイノリティーと人権」について。東畑開人（臨床心理士）とは「心を守るには」というテーマで。西加奈子（作家）とは「助けを求める」ことについて。ジェーン・スー（コラムニスト）とは「おばさんを楽しむ」というテーマで……。

それぞれの著者の本を咀嚼して紹介しつつ、読みながら抱いた疑問や日頃抱えているモヤモヤをゲストたちにストレートにぶつけ、とことん掘り下げていく。それを読むことで、私たちの内なるモヤモヤもまた解決の糸口が見えてくる。生きるヒントが見つかる対談集。

発行／小学館　2023・11月刊行

一般小説

『おしゃべりな部屋』

著者／川村元気　近藤麻理恵

『TIME』誌の「世界でもっとも影響力のある100人」に選ばれた片づけコンサルタント近藤麻理恵と、『君の名は。』『天気の子』など大ヒット映画の企画・プロデュースを手がけ作家としても活躍する川村元気。二人がタッグを組んで生まれたのが本書だ。近藤さんが片づけてきた1000以上の部屋にまつわる話を川村さんが聞いて、7つの物語に昇華していく。

主人公のミコの仕事は、家の片づけの手伝い。モノの声が聞こえる不思議な力を持っている。死を前にした老婦人、服を手放せない主婦、本を捨てられない新聞記者、なんでもため込んでしまう夫婦などから依頼を受け、片づけを始めるのだが……。

人とモノと記憶を巡るハートウォーミングな7編のそこここに、片づけの極意が盛り込まれているお得な一冊。

発行／中央公論新社　2022・3月刊行

エッセイ

『私のものではない国で』

著者／温又柔

台湾人の両親のもと台北で生まれ、3歳で日本へ。台湾語、中国語、日本語が飛び交う東京の家で育ち、29歳のとき日本語で書いた小説で作家デビューした著者。周囲の日本人がやさしさや好意のつもりで放つ「安心して。名前さえ言わなければ誰もあなたをガイジンとは思わない」といった言葉に複雑な思いを抱いてきたという。

そんな日常の中で感じた小さな違和感や、二つの母国と三つの言語を持つがゆえのアイデンティティの葛藤を綴ったのが、このエッセイ集。影響を受け、考えを深める糧となった文学や映画なども多数紹介されている。「普通」であること、「同じ」であることが良しとされがちな日本社会の中で、息苦しさを感じている人は一読を。これまでと違う視点から物事や自分自身を見られるようになって、気持ちが楽になるはず。

発行／中央公論新社　2023・2月刊行

エッセイ

『茶柱の立つところ』　著者／小林聡美

中学生のときにデビューしてから45年、俳優として活躍し、味のあるエッセイの書き手としても定評のある著者が、50代半ばを過ぎた今、「日々考えていること、実践していること、暮らしの楽しみ」を綴ったエッセイ集。

基本的に家で一人過ごすのが好きなタイプだから、これといって何が起こるわけでもない。インスタグラムで動物の動画を見てほのぼのしたり、ベランダ菜園で育てている野菜たちをオヤジ気分で応援したり、飼い猫や気の置けない先輩たちと暑苦しすぎない関係を楽しんだり。たまに外出したかと思えば、幼なじみとのバスツアーで、おつまみコンブを噛みながらバスガイドさんのトークに聞き惚れる……という具合。

派手な職業とは思えない地味〜な生活ぶりなのだが、だからこそ、なんてことのない日常の中から小さな幸せを次々に発見できる着眼点と、文章から立ち上ってくるそこはかとないおかしみが光る。著者のようなスタンスでいられたら、今いるここ、、がいつでも「茶柱の立つところ」＝幸せな場所になるのかも。

発行／文藝春秋　２０２４・３月刊行

一般小説

『不便なコンビニ』　著者／キム・ホヨン

元教師のヨム女史は、亡き夫の遺産で「Always」というコンビニを細々と営んできた。しかし、近所に新しくできたライバル店に押されて売り上げが落ち、品揃えも貧相になり、「不便なコンビニ」という悪評が立ってしまう。そんなある日、落とした財布を拾ってくれたホームレスの男、独孤《トッコ》さんを、深夜シフトの店員として雇うことに……。

独孤さんは吃音で話し下手、しかも記憶まで失っている。ほかの店員や客たちは最初、彼を怪しみ警戒するのだが、やがて独孤さんと関わることで、それぞれが抱えていた問題と向き合い、解決の糸口を見つけていく。不便なコンビニと呼ばれていた店が、現代社会の中で生きづらさを感じていた人たちにとって次第に居心地のよい場所となっていく。そんなプロセスに、読む側の心も潤う。

ソウルを舞台にした8つの物語からなる連作短編集は、韓国でミリオンセラーとなっただけでなく、世界各国で翻訳され、舞台化・ドラマ化も進んでいるそう。ヨム女史の〈人間たちはもっと不自由で不便になるべき〉〈生きること自体が不自由で不便なことなのよ〉という言葉に、ウ～ム。

訳／米津篤八　発行／小学館　2023・6月刊行

エッセイ

『気づいたこと、気づかないままのこと』　著者／古賀及子

有名人でもない、ごく普通の40代半ばの女性のエッセイが、なぜこうも面白いんだろう。綴られているのは、神奈川県の団地や埼玉県のニュータウンで暮らした子供時代の思い出、祖母と二人で過ごした日々、過去の恋愛と結婚、日々成長していく子供たちとの毎日、いじめ、がんで入院・

手術したときの気持ち、間違い電話についてのエピソード、自分の名字について調べ考えたことなどなど、これといって特別なことは何も書かれていない。なのに、ありふれた日常に向ける著者の視点がユニークで、ハッとさせられたり、吹き出してしまったり、胸がキュンとなったり、こわばっていた肩の力が抜けたり、なんだか楽しくなって心が弾んできたり……。

著者は、ウェブサイトの編集者&ライター。ウェブで発表した日記が人気を呼び、すでに2冊が出版されて「新たな日記文学」と注目されている。普通なら腹立たしく思うことやつらい出来事も、彼女は違う角度から眺め、受け止め、面白がってしまう。平々凡々に思える毎日の中に、愉快なこと、感心させられること、大切にしたいことがこんなにもたくさんあるんだ、と気づかされる。

発行／シカク出版　2024・2月刊行

エッセイ

『あなたの言葉を』　著者／辻村深月

人気作家が「毎日小学生新聞」で連載していたエッセイをまとめたのが本書。小学生の読者を想定して書かれているのだけれど、年齢に関係なくおすすめしたい。

例えば、こんなエピソードが紹介されている。ベストセラーになった小説『かがみの孤城』で、主人公の女の子が「雨の匂いがする」と口にし、クラスメートたちに気取っていると笑われ、真似されてからかわれるシーンを描いたが、著者自身も同じような経験をしたことがあるそう。そして、こう語りかける。「思ったことを口にすることは悪いことでもなんでもない。それはわかっているのだけれど、人に笑われたくはない。だから私は、友だちの前では出せなかった気持ちをノートに書くことで、『自分の言葉』の成長を止めずにすんだ。胸中に抱いたモヤモヤを言語化して自分の言葉を獲得することは、正解のない社会の中で自分を守ることにつながる」と。

子供にもわかるやさしい言葉で紡がれたエッセイ集は、深い洞察と思いやりに溢れていて、読むほどに心がポカポカしてくる。「子供時代にこの本に出会えていたらよかったな」と思うと同時に、「大人として、自分はどうありたいか」を考えさせられもする。そしてまた、辻村深月という作家がいかにして誕生したか、その作品の魅力の根源にあるものが何かも見えてくる。

発行／毎日新聞出版　2024・4月刊行

一般小説

『世の中に悪い人はいない』　著者／ウォン・ジェフン

世界的人気を誇るK－POPグループBTSのJ－HOPEが紹介したこともあり、韓国で話題になった短編集。収録された37編は、どれもとても短く、日常の一断片を切り取っているだけなのに、そこから人生の真実みたいなものが鮮烈に浮かび上がってくる。

例えば、「自分のことだけ考えて生きよう」という一編は、手首の痛みで病院を訪れた女性が、診察後の医師の言葉（先日、余命宣告を受けた。幸い、誤診とわかったとき、これからは自分のことだけ考えて生きなければと思った）に不思議と心癒される話。「母の涙」という短編の主人公である中年男性は、80歳をとっくに過ぎた母が死んだ父を恋しがって泣いたことを妻子から聞かされて死や別れについて思いを馳せ、やがて来るだろう母との別れの予感に震える。「赤い月」の主人公は、異常寒波が押し寄せてきた皆既月食の夜、野良猫たちのヒエラルキーの最下層にいる障害を持った猫がどうしているか気になって外にチェックに行き、赤い月を眺めながら〈人生とは、常に何かを待ちながら生きているような気がする〉などと考える……。

ストーリーらしいストーリーもなく、押しつけがましさは皆無だが、読んでいるといろんなことを考えさせられてしまう。そして、なんだか心がほっこりして、ちょっと元気になれる。「この世界は不条理や悲しみでいっぱいだし、生きるってことはほんと大変だけど、素敵なこともいっぱいあるからさ。くじけずに、でも頑張りすぎず、生きていこうよ」――そんな著者の声なき声に励ましてもらったような気がしてくる。

訳／岡崎暢子　発行／KADOKAWA　2022・5月刊行

エッセイ

『しんがりで寝ています』　著者／三浦しをん

笑えるエッセイの名手としても知られる直木賞作家が、２０１９年から４年間、女性誌で連載していたエッセイに書き下ろしのおまけを加えた55編を収録。コロナ禍の真っ只中に綴られたものも多いが、著者のマイペースぶりは揺るがない。

ＥＸＩＬＥ一族に熱狂したかと思えば、玄関に巣を作った蜂と闘い、ピカチュウのぬいぐるみに熱烈な愛を向け、鍋にすっぽりはまってしまったお皿を取ろうと格闘する。あるいはまた、個性的なタクシー運転手さんと出会って車内で盛り上がり、観葉植物を育てたり枯らしたりを繰り返し、気の置けない友人たちと楽しい時を過ごす。老いた親のことを心配する一方で、自身の健康や老後を考えてしばし不安に駆られることも……。基本的に、読んでいる間ずっとクスクス&大笑いで、ときどきホロリ、ドキリ。手に取れば気持ちが軽く、あたたかくなる。

「なんてことのない日常」を愛おしみ、ユーモアたっぷりの筆致で描き続ける著者。ウクライナやパレスチナは言わずもがなだが、日本でも「なんてことのない日常」を送るのが難しくなりつつある時代だからこそ、平凡で平穏な日々の素晴らしさとかけがえのなさが沁みるのだろう。

著者のように、偏見や常識の色眼鏡をかけずに人や物事を観察&考察し、新たに何かを「知る」ことや「出会う」ことを喜び、愛することでもたらされる心の潤いを大切にしていけたらいいな。そういう人が増えれば、世の中はちょっとずつ良い方向に進んでいくのかも。

発行／集英社　2024・3月刊行

世界が広がる本

ノンフィクション

『語学の天才まで1億光年』 著者／高野秀行

「誰も行かないところへ行き、誰もやらないことをし、誰も書かない本を書く」をポリシーに世界の辺境まで足を延ばし、学生時代から25を超える言語を習っては現地で使ってきた著者。現在（2022年時点）56歳だが、本書に綴られているのは主に19歳から約10年間に訪れた8カ国での体験だ。

例えば、早稲田大学2年の春休み、探検部の活動としてインド一人旅をしたエピソード。当時は英語がまるで話せなかったが、同じゲストハウスに泊まっていたニュージーランド人の老婦人から身振り手振りで頼まれ、カルカッタの古い教会に同行。彼女が高齢のシスターと抱き合って再会を喜んでいるのを眺め、「あなたも一緒に写真を撮ってもらえば」というすすめを断って帰ってきたところ、宿のロビーに貼ってあったポスターで、そのシスターがマザー・テレサだったことを知り後悔したとか。その1カ月後、パスポートや財布など貴重品すべてを盗まれてしまうのだが、警察への説明や、とりあえずの宿泊場所確保（なんと前日にたまたま知り合ったインド人小学生の家を訪ねて泊めてもらった）、航空券再発行のための交渉（本来は無理なのに関係各所を訪ねて懇願しまくってゲット）などを通して、「伝えたいことがあれば話せる」という語学の真実に開眼する。

また、コンゴにムベンベという未確認の生物を探しに行くため、京王線で隣り合わせたフランス人に頼んでブロークンな仏語会話を習ったり、現地で使われているリンガラ語を学び始めたり。さらには、ミャンマーで反政府ゲリラの元総司令官に紹介された中国人牧師から雲南語経由で「ワ語」を教えてもらったけれど、実際にミャンマー北部に住むワ人（かつて首狩り族として知られた少数民族）の村を訪れたら笑っちゃうぐらいに通じなかったり。それでも、めげずにコミュニケーションを続けて信頼をつかみ、ワ語の方言しか話せない村人たちに標準ワ語を教えるまでに……。

そんな滅茶苦茶ユニークなエピソードの連続なのだ。さらに、体験に基づく言語と文化に関する考察が興味深い。世界各地でとんでもない目に遭いながら身につけた語学習得のコツも、大いに参考になる。〈語学は、現地で適当に振り回すと開かずの扉が開くこともある〝魔法の剣〟。地域や人々を深く知る上でも有効な手段〉という著者の言葉に、納得。

発行／集英社インターナショナル　2022・9月刊行

エッセイ

『パパは脳研究者　子どもを育てる脳科学』　**著者／池谷祐二**

脳の働きを紹介したわかりやすい科学エッセイで知られる東大大学院教授が、長女が4歳になるまでの成長を、脳研究者として、また一人の父親としてユーモラスに綴った育児エッセイ。子供がどんなふうに変化していくのか、世界観がどのようにして芽生え多様化していくのか、個性というものがどう育っていくのかｅｔｃ．……が、よくわかる。子育て中の人はもちろん、子育てが終わった人、子供のいない人にとっても、人間というものに対する理解を深めるうえで役に立つはず。

発行／クレヨンハウス　２０１７・８月刊行

ノンフィクション

『認知症世界の歩き方』　**著者／筧裕介**

認知症に関する本は山ほど出版されているけれど、こんなにも面白く（と言ってはテーマ的に失礼かもしれないが）すいすい読めて、病気に対する理解がグッと深まる本は未だかつてなかったと思う。

約１００人の患者さんたちへのインタビューを基に、認知症になると日々の生活の中でどういう困り事が生じるのかを洗い出し、それがなぜ起こるのかをイラストなどを多用しながらとことんわかりやすく解き明かしていく。その説明が実にポップでユニーク。認知症の世界を旅するガイドブックというスタイルで構成されているのだ。

各章のタイトルを紹介してみよう。例えば、乗るとどんどん記憶を失ってしまう「ミステリーバス」。人の顔を識別できなくなる「顔無し族の村」。時間が一定のリズムで刻まれない「トキシラズ宮殿」。距離も方角もわからなくなる「二次元銀座商店街」。適温のお風呂のお湯を熱湯や冷水、ぬるぬるしたりピリピリしたりするように感じてしまう「七変化温泉」。一本道なのになかなか出口に辿り着かない「服ノ袖トンネル」etc.……という具合。

著者のガイドで認知症世界を旅することで、認知症の人が生きている世界がどういうものかを知ることができる。記憶や時空間認識や五感のトラブルが生じる仕組みを理解し、認知症と共に生きるための知恵も楽しく学べる。親が認知症になったとき、また、いつの日か自分自身やパートナーがなるときに備えて、読んでおきたい。

監修／樋口直美ほか　発行／ライツ社　2021・9月刊行

ノンフィクション

『話すことを選んだ女性たち　60人の社会・性・家・自立・暴力』

著者／ヤン・アルテュス＝ベルトラン　アナスタシア・ミコバ

ウクライナ出身の映像ジャーナリストとフランス生まれの写真家・映画監督が、世界50の国と地域で2000人の女性たちにインタビュー。そのうち60人のポートレートとコメントを収録している。

彼女たちが語るのは、「女性であることがどのような体験をもたらしたか」「自分の体に関する問題」「性について」「子供を持つこと・持たないこと」「結婚とその制度にまつわること」「暴力に抗うこと」「家族に依存せず経済的に自立すること」という7つのテーマ。まったく無名の人々からアイルランド初の女性大統領まで、年齢も地位も置かれている状況も実にさまざまだ。中には、DV夫から逃れようとして体に火をつけられ、窓から落とされて224回も手術をし、子供を殺されてしまったという人もいる。そんな過酷な過去を抱えながら、痛みや恥ずかしさに打ち克って沈黙を続けることをやめ、「話すことを選んだ」のである。

カメラを真っ直ぐに見つめる一人ひとりの眼差しから、そして言葉から、自身の現実を懸命に伝えようとする意志と、世界が少しでも良い方向に変わってほしいという祈りにも似た思いとが響いてきて心揺さぶられる。

世界各地の女性が置かれている現状を示す統計データなども豊富に紹介されている。例えば、今も155カ国で女性の就業が法律によって制限され、104の国で男性のものとされる職業に就くことを禁じられているそう。18の国では夫の許可なく働くことさえ許されない。また、32カ国でパスポートの取得に夫の許可が必要で、7カ国で女性は土地を所有できない。インドや中国では1970年以来、2300万人もの女の子が「女児を望まない」という理由で人口中絶の犠性になっているｅｔｃ．……。女性を巡る世界のありようを、リアリティをもって知ることができる一冊だ。

訳／清水玲奈　編／ナショナル ジオグラフィック　発行／日経ナショナル ジオグラフィック

2022・3月刊行

ノンフィクション

『ルポ　筋肉と脂肪　アスリートに訊け』　著者／平松洋子

著者は、食や食文化を巡るエッセイの第一人者。相撲部屋でちゃんこの奥深さを知り、また新日本プロレスの若手養成所で「１００年に一人の逸材」とされる棚橋弘至選手の食事風景に驚愕したのを機に、「人の体は食によってどのように作られていくのか」を明らかにしたいと考えるようになり、「筋肉と脂肪」を巡る探究の旅に出る。力士やプロレスラー、サッカーや野球、バスケットや陸上選手といった体が資本であるアスリートたちはもちろん、アスリートを食の面から支える人々（箱根駅伝常勝チームの寮母、サッカー日本代表の料理人、東京五輪のメダル獲得に貢献したスポーツ栄養士ｅｔｃ.）にも取材を重ね、5年がかりで書き上げたのが本書だ。

最高のパフォーマンスと勝利を得るために必要な筋肉と脂肪のバランスは、競技によって異なる。選手たちはいかにして、それぞれの競技や自身の特性に合った体作りを行っているのか。丹念な取材によって明らかにされる一流アスリートたちの繊細なまでの自己管理と強靭な意志に驚愕！　さらに、近年注目されている新しい筋トレ法や腸活、サプリメントの開発秘話や体脂肪計誕生のヒストリー、スポーツにおけるジェンダー問題、コロナ禍のもとでのアスリートの日常なども紹介していく。

長年全国を巡ってさまざまな人々の話を聞き、食に精通している著者だからこそ書けた画期的ルポルタージュ。私たちの生活に取り入れたくなる知識やノウハウもたっぷり詰まっている。

発行／新潮社　2023・2月刊行

エッセイ

『CONTACT ART　原田マハの名画鑑賞術』　著者／原田マハ

キュレーターから作家に転じたアート小説の第一人者が日本各地の美術館を巡って鑑賞した名画の中から、55作品を厳選。モネ、ルソー、セザンヌ、アンディ・ウォーホル、東山魁夷、草間彌生などなど、画家たちの思いや人生にも触れながら、それぞれの作品の魅力を語っていく。

美術館というものをどう楽しむかも伝授。〈理解するのは、あとでいい。まずは心の窓を開けてみる〉という言葉を胸に、心惹かれた美術館を訪れてみよう。

発行／幻冬舎　2022・10月刊行

ノンフィクション

『「烈女」の一生』

著者／はらだ有彩

「女だから」という理由で人生を制限されたり、「女ならではの」役割を期待されたりすることが今よりずっと多かった1900年前後に生まれ、苦闘しながら自分の力で道を切り開いた女性たちを、〈働いて生きる〉〈シンボルを背負う〉〈苦しさを無視させない〉〈生きる場所を探し続ける〉〈「評価」の中で〉という5つの切り口で紹介していく。

取り上げられているのは、ムーミンを生み出しレズビアンでもあったトーベ・ヤンソン、女性が楽しむファッションとしての下着文化を創り出したデザイナーの鴨居羊子、20世紀アメリカで最も有名な文化人類学者の一人となったマーガレット・ミード、貧しい農村の婚外子から大統領夫人となりアルゼンチンの政治に多大な影響を与えたエバ・ペロン、武装盗賊団に誘拐されて自身も盗賊となるが投降&服役したのちインドの政治家となったプーラン・デーヴィーなど20人

（ダイアナ妃など戦後生まれも若干名）。
悲劇的な形で生涯を終えた人も少なくないが、「嘘偽りのない自分」を生きようとあがく女性たちの姿に胸打たれ、励まされる。

発行／小学館　2024・2月刊行

ノンフィクション

『死なないノウハウ　独り身の「金欠」から「散骨」まで』　著者／雨宮処凛

災害、失業、病気、家族の介護などで困り果てたときどうすればいいか。どんな社会保障制度があり、どんな手続きをし、誰を頼れば、それらを活用できるのか……。アラフィフになった独身の作家・社会活動家が、自身の不安も解消すべく、社会福祉士など各界の専門家に取材。シビアになる一方の日本社会でサバイバルしていくための情報とノウハウを、わかりやすく伝授してくれる。

専門家たちいわく、我が国の社会保障制度は「メニューを見せてくれないレストラン」。制度が迷路のようになっているうえ、行政側は社会保障費削減のため、利用者がメニューをしっかり読み込み、「正しい窓口で正しく注文」しないと利用できないことが多々あるのだそう。だからこそ、本書のアドバイスは必読だ。

さらに、パートナーや子供がいないまま死んだ場合の「残されたペット」問題、スマホやサブスクの解約、孤独死や散骨に至るまで網羅。各種困り事の相談先も掲載している。いざというときのため一読し、手元に置いておきたい。


発行／光文社（光文社新書）　2024・2月刊行

エッセイ

『この星の忘れられない本屋の話』

著者／ヘンリー・ヒッチングズ

世界各国の作家たちが、忘れられない本屋と書物にまつわる個人的な体験を綴った15のエッセイからなるアンソロジー。イギリス、アメリカ、ウクライナ、コロンビア、ボスニア・ヘルツェゴビナ、中国、エジプト、ケニア、イタリア、ドイツ、トルコ、デンマーク……と、著者たちの出身地はさまざまだ。

どんな本や書店との出会いが彼らを作家にしたのか。個性豊かに描かれる一人ひとりのエピソードが興味深い。それぞれの国の背景や、時代によって変わりゆくもの・変わらないもの・変えてはならないものも見えてくる。ネット書店の隆盛で、町の小さな本屋さんがどんどん消えていっている今だからこそ、手に取りたい一冊。

訳／浅尾敦則　発行／ポプラ社　2017・12月刊行

エンタメ

『信じようと信じまいと』　著者／R・L・リプレー

著者は1893年生まれのアメリカ人。「嘘のような本当の話」を求めて世界201カ国を巡り、収集した「真実」を軽妙なイラストとコメントからなる記事にし新聞で発表。莫大な人気を博し、世界350紙で掲載されていたという。

その記事をまとめて戦後間もなく出版し世界的ベストセラーになった奇書が、なんと復刊された。前足に耳があるキリギリス、在職中眠って過ごしたアメリカ大統領、人を食べるハマグリ、空から降ってきた魚、金歯を入れた牛、海に浮かぶ街、尖った針をずらりと埋め込んだベッドの上に裸で寝る修行をするインド人、ヨーロッパで戦う兵士たちの慰問用ケーキに入っていた結婚指輪（南アフリカ在住の女性がケーキのタネに間違って落として焼いてしまった150個のケーキのうち、たまたま指輪が入っていた1個に当たったのが、なんと彼女の息子だった！）など、笑えるものから感動秘話、背筋が凍る話まで198のエピソードが詰まっている。
「そんなあ、まさかあ、あり得ない」と思うけれど、著者によれば、すべて真実だというからビックリ。くだらないエピソードも含めて、70年~100年も前の世界の断片と人間の多面性が見えてきて興味深い。ちなみに、博覧強記で知られる荒俣宏は中学時代に本書を読んで大いに影響され、著者を「師匠」と崇めていたそう。

訳／庄司浅水　発行／河出書房新社　2022・6月刊行

エッセイ

『やりなおし世界文学』　著者／津村記久子

スコット・フィッツジェラルドの『華麗なるギャツビー』、アガサ・クリスティの『終りなき夜に生れつく』、チェーホフの『かもめ』、チャンドラーの『長いお別れ』、トーマス・マンの『ヴェニスに死す』、中島敦の『山月記』、トルーマン・カポーティの『遠い声 遠い部屋』、ヘルマン・ヘッセの『知と愛』、カミュの『ペスト』、マヌエル・プイグの『蜘蛛女のキス』、シェイクスピアの『マクベス』、マキャベリの『君主論』、兵法で知られる『孫子』、太宰治の『津軽』、ドストエフスキーの『カラマーゾフの兄弟』etc.……名前は知っているが実はちゃんと読んでいない人も多い古今東西の名作92作品を独自の視点で読み込み、その面白さを紹介していく。

淡々としていながらユーモア漂う筆致で知られる芥川賞作家だけに、よくある書評や文学案内とは一味も二味も違う。遠い昔に書かれた古典でさえ、血肉を持った人間ドラマとして立ち上がってきて、紹介を読んでいるだけでワクワクしてくる。それぞれのストーリーや魅力がすいすい頭に入ってくるから、読んでいなくても読んだ振りができちゃうだけでなく、どれもこれも面白そうで読書欲をそそられるはず。

発行／新潮社　2022・6月刊行

ノンフィクション

『歴メシ！ 決定版』 著者／遠藤雅司

古代マケドニアのアレクサンドロス大王、古代ギリシャのソクラテスや都市国家スパルタの戦士たち、古代エジプトのクレオパトラ、13世紀にアジアを旅したヴェネツィア生まれのマルコ・ポーロ、ルネサンスの巨人レオナルド・ダ・ヴィンチ、18世紀後半のオーストリアとフランスで生きたマリー・アントワネット、19世紀ドイツで活躍した楽聖ベートーヴェンetc.……彼らはいったいどんなものを食べていたのか。

今や失われつつある（中には、すでに失われてしまったものも）レシピを多数の資料や文献を基に再現し、12の時代の60品の料理としてまとめたのが本書。歴史上の人物と一緒にテーブルを囲んでいる気分を味わいながら、各時代の食文化や人々の生活をエッセイと写真とで学べるユニークな一冊だ。

現代人の口にも合うよう味付けをアレンジし、入手困難な食材は代替品を紹介しているのもうれしい。興味を持った人はぜひトライしてみて。

発行／晶文社　2022・12月刊行

ノンフィクション

『古代エジプトの日常生活　庶民の生活から年中行事、王家の日常をたどる12か月』

著者／ドナルド・P・ライアン

2022年はツタンカーメン王の墓が発見されて100年目だった。2023年3月には、クフ王のピラミッド内部に未知の空間があることが確認され、またまたエジプトブームが再燃している。

本書はツタンカーメンが王になるちょっと前、紀元前15世紀のエジプトが舞台だ。エジプト研究の第一人者が、王や王妃から神官、兵士、一般庶民、墓泥棒まで、さまざまな人々の日常生活を生き生きと浮き彫りにしていく。王の死と埋葬、新しい王が即位するプロセスなどの記述がドラマチックで、まるで映画でも見ているよう。古代エジプト好きでなくても興味深々！

訳／田口未和　発行／原書房　2022・11月刊行

ノンフィクション

『プリズン・サークル』　**著者／坂上香**

島根県の山懐に建つ「島根あさひ社会復帰促進センター」は、犯罪傾向の進んでいない男子受刑者を対象に「セラピューティック・コミュニティ（回復共同体）」というプログラムを取り入れた更生法を日本で唯一行っている刑務所。受刑者同士がグループになってそれぞれの胸の内や生い立ちを語り合い、犯罪に至った原因を探ったりしながら自分を見つめ直す。

その様子を長期にわたって撮影したドキュメンタリー映画『プリズン・サークル』が上映され、話題になったのは2020年。本書は、そんな映画を10年がかりで制作した女性監督自身が、映画では描き切れなかった部分をも含め克明に綴ったノンフィクションだ。

犯罪者の話なんて自分とは無関係と思う読者も多いだろうが、読めば心揺さぶられずにはいられない。受刑者たちが互いの体験に耳を傾け、本音で語り合ううちに、否応なく自分自身と向き合わされ、さまざまな気づきを得ていく。認知行動療法などを活用して新たな価値観や生き方を身につけ、人間的に成長もしていく。対話（聴くこと／語ること）が持つ力を再認識させられると同時に、罪を犯す者とそうでない者との間にさしたる違いはないことにハッと気づかされる。

発行／岩波書店　2022・3月刊行

ノンフィクション

『火星の人類学者　脳神経科医と7人の奇妙な患者』

著者／オリヴァー・サックス

著者は、ロバート・デ・ニーロとロビン・ウィリアムズが患者と医師を演じた『レナードの朝』をはじめ、人間の脳の働きの不思議さに迫る医学エッセイで世界中に愛読者を持つ脳神経科医。2015年に亡くなるまでに数々の名作を残しているが、なんといってもピカ一なのが本書だ。

世界がモノクロームに見えるようになってしまった全色盲の画家や、激しいチックで自分の意思とは関係なく不規則かつ突発的に手足などが動いてしまうトゥレット症候群に苦しみながら手術は巧みにこなす外科医など、事故や病気によって脳に障害を負った7人の患者たちのエピソードを綴っていく。絶望して当然の状況にもかかわらず、彼らが障害を個性として生かし、自身の人生を輝かせていることに驚かされ、激しく心打たれる。

特に忘れ難いのが、テンプル・グランディンという高機能自閉症の女性を紹介した表題作。人の気持ちがわからず、うまくコミュニケーションできないテンプルは、自分について〈まるで火星で異種の生物を研究している学者のようなものだ。火星の人類学者のような気がする〉と語る。しかし、動物の気持ちを読み取ることには秀でており、やがて高名な動物学者となる。赤ちゃんのとき母親に抱きしめられるのも苦痛に感じるほど神経が過敏で、人と触れ合えない彼女が、寂しさを埋め安心感を得るために、自分で開発したコンプレッサー式の「抱っこ機械」に抱きしめてもらうシーンには、胸が締めつけられずにいられない。7編ともヘビーな話なのだが、驚きと感動に満ちていて、読後、人間ってすごいな、と勇気をもらえるはず。

訳／吉田利子　発行／早川書房（ハヤカワ文庫）　2001・4月刊行

絵本

『PIHOTEK 北極を風と歩く』 文／荻田泰永　絵／井上奈奈

この20年間に北極と南極を単独で1万キロ以上も踏破し、「植村直己冒険賞」を受賞した極地冒険家が文を、「世界で最も美しい本コンクール」銀賞に輝いた絵本作家が絵を担当し、贅沢な絵本が誕生した。食料を積んだソリを引きながら、たった一人、命がけで北極を歩く「僕」の一日が描かれていく。

ページをめくれば、体を切り裂くほど冷たい風を感じ、足下の氷が軋む音が聞こえてくるよう。極北の自然の厳しさと美しさを伝える絵本は、私たちの日々の営みが極地の海氷を溶かし、シロクマをはじめとする生き物の棲息地を狭め続けている目を背けてはならない現実も突きつけてくる。

発行／講談社　2022・8月刊

ノンフィクション

『母、アンナ　ロシアの真実を暴いたジャーナリストの情熱と人生』

著者／ヴェーラ・ポリトコフスカヤ　サーラ・ジュディチェ

ロシアのジャーナリスト、アンナ・ポリトコフスカヤは2006年、自宅のエレベーターで何者かに射殺された。チェチェン紛争をはじめ、プーチン政権下での人権侵害を取材しては追及を続け、たび重なる脅迫を受けながらも活動をやめなかった結果として。

著者のヴェーラはアンナの娘。母のあとを追うようにジャーナリストとなるが、2022年4月、ロシアからの亡命を余儀なくされる。ウクライナ侵攻後、今度は自身が命の危険にさらされ、ティーンエイジャーの娘までクラスメイトから攻撃されるようになったためだ。

亡命して自由に発言できるようになってから、イタリア人女性ジャーナリストとの共著として書いたのが本書。弾圧に屈せずプーチン批判を続けた英雄として西側から高く評価されるアンナの素顔や彼女が遺したメッセージと共に、「英雄」を母親に持ったがゆえの苦悩や、「勇敢でありなさい」という在りし日の母の言葉を胸に同じ道を歩もうと決めるまでの葛藤が丹念に綴られていく。

プーチン政権下で政治犯として逮捕された人々は数百人にのぼるという。暗殺された者、不審死を遂げた者も多く、アンナが勤務していたリベラル系の新聞社だけでも6人の記者が命を失った。コロナ禍とウクライナ戦争を経て政権批判はさらに困難となり、SNSや知人との会話さえ当局に取り締まられるようになったロシア社会を著者は内側から見つめ、考察していく。〈意識を抑圧する訓練が日常となり、無関心を貫くことが生き延びるための道となった。その枠からはじき出された者は運がよければ錯乱者として扱われ、悪ければ排除すべき危険分子と見なされる〉と。胸揺さぶられ、さまざまなことを考えさせられる一冊。

訳／関口英子ほか　発行／NHK出版　2023・11月刊行

エッセイ

『スプーンはスープの夢をみる　極上美味の61編』　編者／早川茉莉

スープが大好きで日々スープを作っているという編集者が、スープにまつわるエッセイや詩、物語など61編を選んで編んだアンソロジー。

村上春樹の小説の一節があるかと思えば、美食家としても名高い芸術家・北大路魯山人の随筆があったり、『不思議の国のアリス』を書いたルイス・キャロルの詩があるかと思えば、三島由紀夫がスープを飲むときのエチケットについて綴った文章や写真家・星野道夫がエスキモーにご馳走になったカリブーのスープに関するエッセイがあったり……驚くほどバラエティに富んでいる。

紹介されたレシピも具体的なものから、空想の産物まで実にさまざまだ。修道院のシスターたちが作る「ひと味違う豆スープ」に、お腹がグウッ。『魔女の宅急便』で知られる童話作家・角野菜子の作品に描かれた「月の光で煮て作る」スープには、想像力を刺激される。行間から、いろんなスープのおいしい匂いや、それらを味わう人々の幸せな気持ちまでもが伝わってくるよう。

発行／筑摩書房　2022・12月刊行

ノンフィクション

『テヘランのすてきな女』　**著者／金井真紀**

『世界はフムフムで満ちている』や『パリのすてきなおじさん』『日本に住んでる世界のひと』など、印象的で親しみやすいイラストと軽快な文章によるエッセイ集、インタビュー集で注目されてきた著者。大の相撲ファンだった彼女は、数年前、イランに女子相撲があることを知る。肌を一切出せないため黒い長袖シャツ&10分丈の黒スパッツ&黒スカーフ姿でまわしを締めた女性たち。なぜそんなにまでして相撲が取りたいのか……。

興味を持ってイランの女子相撲のサイトをフォローし、日本の女子相撲の稽古にも参加。やがて大会に出場して48歳で初土俵を踏んだのち、念願叶って２０２３年にイランの首都テヘランへと旅立つ。

その半年ほど前の２０２２年秋、イランではスカーフの被り方が不適切だと逮捕された女性が亡くなり、警察による暴行だと怒った女性たちによるデモが全土で拡大していた。そんなシビアな状況にもかかわらず、著者は通訳に助けられながら、女子相撲の関係者だけでなく、さまざまなイラン女性の生の姿に触れたいとインタビューを重ねていく。

話を聞いた女性たちは、年齢も職業も立場も考え方もさまざまだ。全身をすっぽり覆うチャドルを着るのをやめた主婦。性暴力の被害者や信仰・信条の違いゆえに政府に迫害される人々に寄り添い続け、自身も秘密警察から訴えられている弁護士。朝7時から12時間も路上に立ち続け、風紀を乱す者がいないかチェックする風紀警察官。コンピュータエンジニア、細密画の絵師、看護師や美容整形外科勤務の女性（なんとイランでは豊胸手術や鼻を低くする手術、アンチエイジング施術が盛んなのだそう)。ボート選手や女子サッカーの監督兼社会学者。トランスジェンダーやレズビアン、バイセクシュアルの大学生たち。アフガニスタンからの移民や、クルド人居住区で暮らす女性。パラリンピック委員会のスタッフで自身も障害のある女性……などなど。

それぞれの声が聞こえてくるかのような生き生きとした似顔絵と、軽やかな文章を読みながら、日本との違いにびっくり仰天したり、おののいたり、共感したり。20数人の声を通して、イランで生きる女性たちの今が見えてくる。

発行／晶文社　2024・6月刊行

エッセイ

『本の栞にぶら下がる』

著者／斎藤真理子

著者は韓国文学翻訳の第一人者。韓国だけでなく世界各地で注目された『82年生まれ、キム・

ジヨン』をはじめ数々の話題作・問題作の翻訳を手がけてきた。そんな彼女が、古今の文学作品(日本や韓国のものが多いが西洋の翻訳物も。埋もれていた詩人や作家の作品も多数)を取り上げながら、そこに刻まれた日本と朝鮮という国の関わり、歴史の表舞台には登場しない市井の人々の歩みを丹念にひもといていく。

著者いわく、〈どんな古い本にも、今につながる栞がはさまっている〉。瑞々しく端正な文章で綴られた25編のエッセイが栞となって、韓国や日本の先人たちの思いと、現代日本で生きる私たちをつなげてくれる。

発行/岩波書店　2023・9月刊行

ノンフィクション

『母親になって後悔してる』　著者／オルナ・ドーナト

イスラエルの女性社会学者によるこのノンフィクションは、世界各国で賛否両論を巻き起こした。イスラエルの女性は平均３人の子供を産むそうだが、著者はまず子供のいる女性たちに「もし時間を巻き戻せたら、あなたは再び母になることを選びますか？」と尋ね、ＮＯと答えた23人に取材。これまで語れずにいた本音や複雑な感情を引き出していく。

例えば「子供のことは愛しているけれど、母親という役割に押し込められるのはつらい」「自分は母親に向いていない」「誰の母でもない自分に戻りたい。母親になったことを後悔している」etc.……。本書を読んで、「子供がかわいそう」「子供を産めば自然と母性愛がわいてくるものなのに」「子供をもつことこそ女の幸せ」「母親なら子供を第一に考えるのが当たり前」などと批判する人がいる一方で、23人が吐露した本音に共感したり、救われたと感じたりする女性も多いという。
その真摯な告白に耳を傾け、今の社会で主流となっている「あるべき母親像」や「理想の幸せの形」を見つめ直してみることが、子供のいる人にとってもいない人にとっても、また男性にとっても、より生きやすい社会を築いていく一歩になるのかも。

訳／鹿田昌美　発行／新潮社　2022・3月刊行

ノンフィクション

『ガールズ・ビー・アンビシャス　一歩踏み出したいあなたへ贈る21のコトバ』

編者／集英社インターナショナル

江戸文化研究者で女性初の法政大学総長となった田中優子、宇宙飛行士の山崎直子、日本のフェミニズム運動を牽引してきた上野千鶴子、中東や東南アジアで弱者に寄り添った取材を続

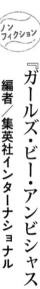

けるフォトジャーナリストの安田菜津紀、（株）ディー・エヌ・エーを創業した南場智子、史上最年少でフィンランドの首相になったサンナ・マリン、世界中の若者に影響を与えた環境活動家のグレタ・トゥーンベリ、女優のアン・ハサウェイ、香港の民主活動家である周庭、ヒラリー・クリントン……などなど、さまざまなジャンルで活躍する19人の女性たちが行った21のスピーチを、〈あなたらしく生きるあなたへ〉〈世界の持続可能性〉〈自立と教育を考える〉〈働き方を考える〉という4つのテーマに分けて収録。

困難な状況の中で自らの人生を切り開いてきただけでなく、時に社会通念をも打ち破ってきた彼女たちの言葉（〈変化を始めることはできる。今、ここから。私たち自身が〉〈人や自分に向かわず、事に向かう〉etc.）は、示唆に富んでいて力強い。悩みの渦中にあるとき、人生の岐路に立ったとき、前を向いて立ち向かうヒントとパワーをくれるスピーチ集。

発行／集英社インターナショナル　2022・2月刊行

写真集

『PHOTO ARK 動物の箱舟　絶滅から動物を守る撮影プロジェクト』

著者／ジョエル・サートレイ

今のペースで生物が絶滅していくと、21世紀末までに地球全体の生物種の3分の1が姿を消してしまうと言われている。そんな状況を憂えた動物写真家が、2006年に「PHOTO ARK（「写真版 ノアの箱舟」の意）」というプロジェクトを立ち上げた。世界中の動物園や水族館、動物保護センターなどで飼育されている希少な生きものたちを、一人で25年の歳月をかけてすべてスタジオ撮影し、未来のための記録として残そうという試みだ。

その中間報告ともいえるこの写真集では、これまでに撮った6000枚を超える写真の中から400枚を厳選して収録。背景を黒もしくは白に統一し、ホッキョクギツネもマルメタピオカガエルもマレーバクもアオメクロキツネザルもミナミザリガニも、あえてほとんど同じ大きさでポートレート風に撮影している。動物たち固有の表情に迫った写真は、一枚一枚がアートのよう。すべての命が美しく価値ある存在であることを力強く語りかけてくる。

編／ナショナル ジオグラフィック　訳／関谷冬華　発行／日経ナショナル ジオグラフィック
2017・8月刊行

エッセイ

『父ではありませんが　第三者として考える』　**著者／武田砂鉄**

鋭い社会批評で知られる気鋭のフリーライター（パートナーと二人暮らしの40代）が、「誰の父でもない」立場から、長いこと日本で幅を利かせてきた「父親とは（母親とは、家族とは、子育てとは）こうあるべき」という言説への違和感を綴ったエッセイ集。

子供のいない人が子育てについて何か言うと、「育てたこともないあなたにはわからない」などと耳を貸してもらえない社会だからこそ、思索を重ねた末に著者が辿り着いたメッセージが沁みてくる。〈私たちは常に、何かの当事者で、同時に、何かの当事者ではない〉〈自分とは違う誰かのことを想像してみる。人と人とが柔軟な姿勢で接すれば、差異を理由にした諍いが生じにくくなる。成熟した社会はそこから開けていくはずだ。そういう社会、加速しまくれ、と思う〉といった言葉に、ハッとさせられたり、共感したり。子供のいる人・いない人、いずれ親になるだろう人・親になりたくない人……立場に関係なく、さまざまな問いを投げかけてくる。

発行／集英社　2023・1月刊行

エッセイ

『からだの美』　著者／小川洋子

著者が魅了された「からだの美」について綴った16編のエッセイを収録。対象となっているのは、ライトからキャッチャーのミットに向けてボールを投げる瞬間のイチローの肩、ハードル選手がハードルを飛び越える瞬間にだけ正面から見える足の裏、石川佳純が試合中に卓球ボールを見据える鋭い視線、勝利へのギリギリの道筋が見えたとき震えながら駒を指す羽生善治棋士の中指、トウシューズで立ち続けるバレリーナの爪先、レース編みをする人の指先、シルバーバックと呼ばれる雄のマウンテンゴリラのたくましい背中、ハダカデバネズミのたるんだ皮膚etc.……。

日本を代表する小説家ならではの鋭くも繊細な観察眼で対象を見つめ、私たちを感動させるものの真髄に迫っていく。あるいはまた、多くの人々が見過ごしている美を掘り起こしていく。

各エッセイに写真が1枚添えられているが、豊かな知識に裏打ちされた詩的で美しく深みのある文章は、写真などなくとも、体が生み出す一瞬の美をまざまざと伝えてくる。短いエッセイなのに、どれも優れた長編小説のような広がりを感じる。中でも、「カタツムリの殻」と「赤ん坊の握りこぶし」と題した二編が秀逸。

発行／文藝春秋　2023・3月刊行

エッセイ

『センス・オブ・ワンダー』

著者／レイチェル・カーソン

1962年、農薬や殺虫剤に使われていたDDTなど化学物質の危険性を告発する『沈黙の春』を上梓し、環境保護運動の先駆者となったアメリカの海洋生物学者レイチェル・カーソン。晩年、がんを患った彼女がラストメッセージとして綴り始め、死後、友人たちが遺稿をまとめる形で完成させた本書もベストセラーとなり、1965年の刊行から半世紀以上が経つ今も世界中で読み継がれている。

センス・オブ・ワンダーとは、「誰もが生まれながらに持っている、自然の神秘や不思議さに目を見張る心」のこと。早世した姪の息子ロジャーと海辺や森をそぞろ歩き、地球に満ち溢れているさまざまな生命を見て、聞いて、嗅いで、触れて、その尊さに心震わせる様子が、詩を思わせる情緒に富んだ文章で綴られていく。

〈「知る」ことは「感じる」ことの半分も重要ではない〉〈地球の美しさと神秘を感じ取れる人は、科学者であろうとなかろうと、人生に飽きて疲れたり、孤独にさいなまれることは決してないでしょう〉といった忘れ難いフレーズと、美しい写真がたっぷり。まさに、「センス・オブ・ワンダー」を磨いてくれる一冊だ。

訳／上遠恵子　発行／新潮社　1996・7月刊行

ノンフィクション

『言語の力 「思考・価値観・感情」なぜ新しい言語を持つと世界が変わるのか?』

著者/ビオリカ・マリアン

著者はアメリカの大学で教える言語心理学の研究者。英語、ルーマニア語、ロシア語のマルチリンガルで、ほかにも広東語、オランダ語、日本語、フランス語、ドイツ語、イタリア語、スペイン語、タイ語、アメリカ手話などを研究対象に、「人はどのように言葉を学習するか」「人が言葉を話すとき、脳はどのように働くのか」「言語を学習すると、脳の構造や情報処理の仕方がどう変わり、思考がどう変容するか」を長年にわたり研究してきたという。その成果を、最新のデータも紹介しつつ一般人にもわかりやすくまとめたのが本書だ。

翻訳ソフトやチャットGPTの登場で外国語を学ぶ必要性が薄れつつあるけれど、著者によれば、複数の言語を話すことで創造的な思考に使うリソースが増え、偏見に陥りにくくなり、認知をコントロールする力も手に入るそう。新たに外国語を学べば、アルツハイマー病などの発症を4年から6年遅らせたり、認知症になっても症状が出にくくなる効果も期待できるという。
本書を参考に、新しい言葉にチャレンジしてみない？　著者いわく、「新しい言語を習う最適な時期は『生まれたとき』だけれど、その次に最適なタイミングは『今』！」だから。

訳／桜田直美　監修・解説／今井むつみ　発行／KADOKAWA　2023・12月刊行

ノンフィクション

『イントゥ・ザ・プラネット　ありえないほど美しく、とてつもなく恐しい水中洞窟への旅』　著者／ジル・ハイナース

女性による洞窟ダイビングの先駆者が、波乱に富んだ半生と、これまでの潜水体験を神秘的な写真と共に紹介する。南極の氷山の内部に抉られた洞窟、地下空間が崩壊してできたユカタン半

島のシンクホール、ケイマン諸島にある小さな泥沼、無数の鍾乳石が針のように天井から伸びる水中の鍾乳洞、サハラ砂漠から大西洋を越えて飛んできた砂が堆積しているバハマ諸島の洞窟、バミューダ諸島沖の数百フィートもの海底にある洞窟etc.……へと、次々に潜っていく。「世界初」「世界最長」「世界最深」への挑戦も多い。

子供のころ宇宙飛行士になりたかったという著者だが、カナダ人女性は宇宙への道が困難と考え、「ならば母なる地球の内部に広がる驚異を知りたい」と方向転換。酸素も光も届かない、死と隣り合わせの洞窟潜水の道を切り開いてきた。

その体験記はスリリングであると同時に、地球や生命について大いに考えさせられる。私たちの地上での行いが、地下に広がる巨大な地下水ネットワークに多大な影響を与え、水資源を涸渇させつつあることにもドキリ。

訳／村井理子　発行／新潮社　2022・1月刊行

エッセイ

『村田喜代子の本よみ講座』

著者／村田喜代子

1987年に芥川賞を受賞して以降、女流文学賞、川端康成賞、谷崎潤一郎賞、泉鏡花文学賞など名だたる賞を手にしてきた大御所作家によるブックガイド。

自身の作品も含め、さまざまな小説やノンフィクションを取り上げているのだが、単に魅力を紹介するだけでなく、作者たちがその作品を執筆したいきさつや社会的背景なども考察しながら、一冊一冊をより深く楽しむための読書術を伝授してくれる。書店に溢れる本の中から、あまり売れず知られていないが価値のある良書をピックアップしているのもうれしい。

発行／中央公論新社　2023・3月刊行

ノンフィクション

『問題解決のための名画読解』　著者／エイミー・E・ハーマン

　ピカソ、マグリット、ジェリコー、喜多川歌麿、草間彌生などなど、古今の名画約100点をオールカラーで取り上げながら、それぞれの制作プロセスを分析。個性溢れるアーティストたちならではの観察眼・ものの見方・考え方を解き明かしたうえで、それを一般人が仕事や日常生活で役立てていくための技法（自分の偏見や先入観に気づいたり、問題点を正しく定義したり、さまざまな視点から問題にアプローチしたり、膨大な未解決問題を小さく切り分けたり、これまでとは180度異なる解決作を見つけたりetc.）に置き換え伝授してくれる。

　例えば、パブロ・ピカソ。ピカソは彼なりのリアリティを追求した結果、「一地点から見えたものを描く」という従来のアートの前提を覆す。モチーフを幾何学的に分解し、さまざまな角度から捉えて再構成する新しい表現方法を考え、人物の目や鼻の向きをチグハグに描いたり、静物を抽象化して描いたりする「キュビズム」を完成させていったという。そんなふうに、物事を多角的に見つめて捉え直し、問題解決の新たな糸口を探るロードマップを具体的に提示してくれるのだ。

アート好きはもちろん、美術に興味のない人にもおすすめのアートブック。

訳／野村真依子　発行／早川書房　2023・11月刊行

ノンフィクション

『自分のために料理を作る　自炊から始まる「ケア」の話』

著者／山口祐加　星野概念

料理の楽しさを広げたいと初心者向けの料理教室や小学生向けの「オンライン子ども自炊レッスン」などを行ってきた著者（山口さん）のもとには、「自分のために料理が作れない」という悩みが数多く寄せられるという。「誰かのためなら作るけど、自分のためとなると面倒で、適当になってしまう」と。思わず共感する人も少なくないだろう。

そこで、山口さんは精神科医の星野さんとタッグを組んで、ある試みをスタートする。まず、「自分のために料理ができない」と感じている年齢も生活環境もさまざまな6名の男女に3カ月間、気軽に料理を楽しむノウハウをコーチ。次に、精神科医を交えて参加者と対話を重ねながら、なぜ自分のためだけの料理を億劫に感じてしまうのか、自炊レッスンを受けたことでどんな発見があり、気持ちや生活がどう変わっていったかを考え、突き詰めていくのだ。

そんなプロセスをルポルタージュ風にまとめた本書には、「自分のための料理を気楽に作って楽しむ」うえでの実践的なアドバイスが盛りだくさん。料理と自尊心が密接に関わっていることにも気づかされる、これまでにないユニークな料理書だ。

発行／晶文社　2023・8月刊行

ノンフィクション

『100歳で夢を叶える』

著者／木村美幸

谷川俊太郎（詩人・90歳）、道場六三郎（和食料理人・91歳）、樋口恵子（評論家・90歳）、野見山暁治（洋画家・101歳）、大川繁子（保育士・95歳）、三浦雄一郎（プロスキーヤー・冒険家・90歳）、室井摩耶子（ピアニスト・101歳）、渡辺貞夫（サックス奏者・90歳）などなど、生涯現役を標榜し、90歳を超えても活躍している14人へのインタビューを収録。

何に心を砕きながら仕事をしてきたか。いま何に興味を持っているか。毎日をどのように過ごし、何を食べているか。日々の暮らしを生き生きと楽しめる秘訣は何か。この先にどんな夢や希望を描いているかetc.……大先輩たちがそれぞれに自身の体験や思いを率直に語っていく。

〈100歳を過ぎた今も、「これでいい」と思ったことはない。「もっともっともっと」と思う。「いま」を精一杯生きたい〉（室井摩耶子）、〈何かを始めるのに遅すぎることはない。いつまでもわくわくする気持ちを忘れない〉（大川繁子）などなど、豊富な実体験に裏打ちされた言葉の数々には、読む者の背筋をシャキッとさせる力がある。読者も、「もう歳だから」なんて言い訳していられなくなるはず。

発行／晶文社　２０２３・７月刊行

ノンフィクション

『さりげなく品と気づかいが伝わる　ちょい足しことば帳』

著者／今井登茂子

ＴＢＳのアナウンサーだった著者は、退社後、コミュニケーション・スクールを設立し、さまざまな企業の若手社員から経営者にまでコミュニケーション・スキルを教えてきた。そんな言葉のプロが60年のキャリアを通して身につけた「ひと言プラスするだけで印象がガラリと変わる

１００フレーズ」を大公開。

相手の話を引き出す「共感・感想のちょい足し」、相手が思わず引き受けたくなる「依頼・相談のちょい足し」、場の雰囲気が悪くならない「意見・提案・反論・質問のちょい足し」、怒っている相手に気持ちよく許してもらえる「謝罪のちょい足し」、相手にスッキリ諦めてもらえる「断りのちょい足し」などなど、すぐに使えるフレーズが満載。大いに役立ってくれそう。

発行／朝日新聞出版　2023・1月刊行

ノンフィクション

『世界一よくわかる！　１００人の天才画家でたどる西洋絵画史』

著者／カミーユ・ジュノー

西洋絵画史を5つの時代に分けて、各様式や流派について図解。それぞれの時代を築き発展させた天才アーティストたちの代表作とその魅力、人物像や作品が生まれた社会的背景などを、一人見開き2ページでコンパクトに紹介&解説していく。

イタリア・ルネサンスへの先鞭をつけたと言われる1200年代のジオットから始まり、今、世界各地の路上や壁に人知れず作品を描いては話題を呼んでいる素性不明のバンクシーまで、総勢100名。日本人では、御年95歳になる前衛芸術家、草間彌生も登場する。

さらに、時代の異なる巨匠たちの作品を比較したり、誰が誰のどんなところに影響されたかを分析したり、各時代の画材や絵画の保存&修復方法をわかりやすく解説したり、美術館の構成やバックヤードについて紹介しつつ理想的な美術館の歩き方を伝授したり……と盛りだくさん。カラー図版がてんこ盛りなのもうれしい。この一冊で西洋美術通になれる贅沢なアートガイド。

訳・監修／冨田章　発行／グラフィック社　2024・5月刊行

対談

『原田マハ、アートの達人に会いにいく』　著者／原田マハ

ニューヨーク近代美術館等のキュレーターから作家に転身し、アートに関連した傑作小説を次々に発表してきた著者。そんな彼女が敬愛し、多大なる影響を受けた人々のもとを訪れ、対話を重ねていく。

お相手は、漫画家の竹宮惠子や池田理代子、建築科の安藤忠雄、詩人の谷川俊太郎、映画監督の山田洋次、歌手・俳優・演出家の美輪明宏、藤原定家の末裔で平安時代から続く歌道を守り伝えてきた冷泉貴実子、シャネルの会長で小説家でもあるリシャール・コラスなど33人。それぞれのジャンルの第一線で活躍してきた達人たちが、人生を振り返りながら発する言葉は、豊かで深みがあり、読者にとっても生きる指針となりそう。

発行／新潮社　2023・3月刊行

胸ジ～ン＆考えさせられる本

一般小説

『私たちの世代は』

著者／瀬尾まいこ

コロナ禍は子供たちにどんな影響を及ぼすのだろう。「コロナ世代」「マスク世代」「ディスタンス世代」などと呼ばれたりもする今の子供たちは、どんな大人になっていくのだろう。そんな問いへの答えとして、この小説は書かれたのかもしれない。

主人公は冴《さえ》と心晴《こはる》という、家庭環境も学校も性格もまったく異なる女性たち。二人が小学校3年生だった2020年、新しい感染症が流行し始め、世の中が一変する。それからの15年間と、23歳になった彼女たちが就職試験の面接で偶然出会ってからの日々が、時空と語り手を変えながら描かれていく。

コロナ禍を描いた作品は数々あるが、子供の視点でコロナ禍を見つめ、さらに舞台を近未来にまで進めている点に、この小説の新しさがある。大人になった主人公たちが、パンデミックの渦中にあった自分や大人たちの気持ち&行動、学校や世の中のありようを振り返り、〈あの期間が私に与えたものは何だろう。私から奪ったものは何だろう〉と問い直すのだ。

母子家庭で育つ冴が中学校でいじめにあったり、経済的には恵まれている心晴も不登校になってしまったり……と紆余曲折あるものの、冴の母親のキャラが実に魅力的。困難の真っ只中でも明るさとやさしさを失わず、困っている人に手を差し伸べ続ける。そんな彼女に救われた人たちが、また冴を支えもする。長期不登校と完全引きこもり状態にあった少女たちが、人との出会いや縁によって殻を破り成長していく姿、人と人とのつながりのあたたかさに、ホロリ&ほっこり。「○○世代」などと人間を型でくくりがちな今の社会へのアンチテーゼにもなっている一冊。

発行／文藝春秋　2023・7月刊行

ノンフィクション

『津波の霊たち　3・11 死と生の物語』　著者／リチャード・ロイド・パリー

著者は、在日20年を超えるイギリス人ジャーナリスト。東日本大震災関連の本は数多く出ているけれど、日本人以外が、ここまで取材を重ねて書いたのは初めてだろう。いや、被災者たちの心に寄り添いながらも、第三者として俯瞰した視点を持ち続けることが可能な異国人だったからこそ、これだけ深いルポルタージュが書けたのかもしれない。

本書は、二つのテーマからなる。まずは、宮城県石巻市の大川小学校を巡るもの。ほかの学校ではほぼ全員が避難できたのに、なぜ大川小では74人もの児童が犠牲になってしまったのか。著者は6年にわたり地元に通って取材を重ね、事故の経緯や背景、遺族の苦しみと葛藤、子供を失った遺族たちに生じた分断、教育委員会との対立、さらには真相解明と責任追及のために遺族が起こした裁判の過程などを丹念に描いていく。

もう一つは、震災後、被災地で頻発した心霊現象について。津波に飲まれ亡くなったはずの家族や友人の姿を見た、声を聞いた、話した……といった体験を語る「生き残った人々」と真摯に向き合う一方で、それらの現象を冷静に分析。心霊現象を体験するということが「トラウマの吐露」であり、その人が前を向いて生き続けるために必要な「物語を語ること」であるといった考察も行っていく。

例えば、同じように子供を失った親でも、ほかに兄弟姉妹が残っているか、家も津波で流されたか、住める状態で残ったか、子供の遺体が見つかったか否かといった悲しみの「差」によって、心がすれ違ってしまうという。また、学校や行政を訴えた親たちや、彼らに有利な証言をした者たちは、地域共同体の中で村八分にされ、仕事を失ってしまったケースも……。英国人である著者のフィルターを通すことで、日本社会や日本人というものが、その良さも問題も含めて浮き彫りにされていくのだ。

書かれている内容はとてつもなくヘビーだが、文章も構成も読みやすく、不謹慎ながらミステリー小説のようにドラマティックで、ページをめくる手を止められない。イギリスの「エコノミスト」誌、「ガーディアン」紙、Ａｍａｚｏｎなどで年間ベストブックに選出されたのも納得だ。震災の記憶が次第に風化し、メディアも3月11日の前後しか被災地のことを取り上げなくなってしまった。無関心が広がっていくように思える今だからこそ、手に取りたい。

訳／濱野大道　発行／早川書房　2018・1月刊行

一般小説

『黄色い家』　著者／川上未映子

主人公は、40歳になる花という女性。新型コロナが社会に影を落とし始めた２０２０年の春、たまたま目にした小さな新聞記事がきっかけとなり、それまで固く封印していた記憶が蘇る。新聞に載っていた初老の女――若い女性を監禁し傷つけた罪で逮捕された黄美子と、20年ほど前に彼女は深く関わっていたのだ。

17歳の夏、家を飛び出した花は、二人の少女と共に、母親の知り合いで軽い知的障害のある黄美子のもとで暮らし始めた。本物の家族との間では味わえなかった安らぎを感じ、うまくいっているように思えた「疑似家族」。しかし、やがて生きていくためにカード犯罪の〝出し子〟という闇バイトに手を染めてしまい、危ういバランスで成り立っていた関係も壊れていく……。

貧困の連鎖、虐待、一度失敗したら立ち直るのが難しいセーフティネットの薄っぺらさなど、現代日本社会が抱える問題を背景にして、幸せになるためにお金を求め、お金に翻弄され、追い詰められる女性たちの姿がサスペンスフルに描かれる。

近年、その作品が全米図書賞やイギリスのブッカー賞の最終候補となり海外でも注目されている実力派作家による衝撃作。

発行／中央公論新社　2023・2月刊行

エッセイ

『小さな徳』

著者／ナタリア・ギンズブルグ

数々のイタリア文学を翻訳して日本に紹介し、また優れた随筆の書き手でもあった須賀敦子。その端正な文章から滲み出る豊かな知性と人間性に魅了され、没後20年以上が経つ今もカリスマ的人気を誇る。

そんな彼女が、「この人の作品に出会わなかったら、自分は一生、ものを書かなかったかもしれない」というほど惚れ込んでいたのが、イタリアの女性作家、ナタリア・ギンズブルグだ。本書に収められているのは、1944年〜1962年にかけて執筆されたエッセイだが、今を生きる私たちにとっても心の栄養になること請け合いだ。

ムッソリーニ率いる国家ファシスト党に抗う活動家だった夫と共に田舎の村に流され、やがて夫が獄死。そんな境遇にあっても、自然や人間を愛し、希望を失わず、人生を楽しもうとするしなやかな強さが、静謐な文章から伝わってくる。
訳／白崎容子　発行／河出書房新社　2018・10月刊行

一般小説&エッセイ

『信仰』　著者／村田沙耶香

芥川賞を受賞した『コンビニ人間』が英訳されて以降、海外でも高く評価されている著者。短編とエッセイ計8編からなる本書の表題作「信仰」は、日本より先にアメリカで出版され、シャーリー・ジャクスン賞という文学賞にノミネートされた。

超現実主義者で、好きな言葉は「原価いくら?」だと断言する主人公が、同級生からカルト商法を始めようと誘われる。彼女は話に乗った振りをすることで、そのカルトからお金を搾り取られている知人女性の洗脳を解き、現実社会に連れ戻そうとするのだが……。旧統一教会問題がこれほど取り上げられる以前に書かれた短編は、信じることの危うさと、何かを信じたがる人間心理をブラックユーモアでくるんで掘り下げていく。

ほかに、65歳時点で生きている確率によって人々がA～Dランクに判定されるようになった近未来を舞台にした「生存」、自分のクローンを4体買って共同生活を始めた女性を描く「書かなかった小説」などを収録。一見、奇妙に思える世界を提示することで現代社会の問題点をあぶり出し、既存の価値観に揺さぶりをかけてくる。

発行／文藝春秋　2022・6月刊行

一般小説

『わたしのペンは鳥の翼』　**著者／アフガニスタンの女性作家たち**

紛争などによって疎外された作家をサポートするイギリス初の文学的プロジェクト「アントー

ルド」が、2019年と2021年にアフガニスタンで短編小説を現地語で書く女性作家を公募したところ、300ほどの応募があったそう。その中から選ばれた18人による23編を英訳、さらに日本語に訳して収録したアンソロジーが本書だ。

著者たちが執筆に励んでいた最中、アフガニスタンでは米軍が撤退し、タリバンが再び国を支配。女性は外出することすら難しくなり、小説など書いていることを知られれば、命も危うくなってしまった。

そんな中で書き上げられた作品には、アフガニスタンの過去と現在、そして未来が浮き彫りにされている。家庭や職場を舞台に友情や愛、裏切りといった普遍的なテーマを扱っているので、思わず共感。と同時に、1979年のソ連侵攻以降40年以上も戦火が絶えない過酷な国情や、女性に課された厳しい制約がまざまざと伝わってきて、胸が痛くなる。

本書の刊行にあたり、著者の一人が寄せた文章があとがきに紹介されている。〈アフガニスタンはこれまでその声が届けられることや、理解されることがなかった。アフガニスタン人はどのような人々か。なにを求めているのか。四十二年に及ぶ戦争をどうやって耐えてきたのか…（中略）…わたしたちの言葉をあなたがたと分かち合いたい〉。また別の一人は、〈ペンを持っている間だけ心は自由に空を飛べる〉と小説の中で表現していた。今読むべき一冊だと心から思う。

訳／古屋美登里　発行／小学館　2022・10月刊行

一般小説

『ミシンと金魚』　著者／永井みみ

この数年、老いた女性が自身の日常や人生を語るというスタイルの小説が次々に登場し、優れた作品も多い。すばる文学賞を受賞した本書もその一つだ。

一人暮らしをしている認知症の老女が、訪問ヘルパーの「みっちゃん」たちの一人（彼女にとってヘルパーは、なぜか全員が「みっちゃん」）から投げかけられた〈カケイさんは、今までの人生をふり返って、しあわせでしたか？〉という問いをきっかけに、半生を思い起こす。

といっても、カケイさんは認知症。ゆるやかに症状が進行しているため、記憶が混濁している。時に過去と現在、現実と幻が入り交じってしまうのだが、飄々としてユーモラスな語りにぐいぐい引き込まれていく。

タイトルの『ミシンと金魚』は、カケイさんの幸せの象徴であると同時に、彼女に深い後悔と痛みをもたらす傷でもある。次第に浮かび上がってくる人生があまりに過酷で、ところどころ読み飛ばしたくなるほどだけれど、語りの持つ力に圧倒されページをめくり続けてしまう。カケイさんがヘルパー全員を「みっちゃん」と呼ぶ理由がわかるシーンでは、涙せずにいられない。

ちなみに著者は、ケアマネージャーとして働きながら本書を執筆したそう。

発行／集英社　2022・2月刊行

一般小説

『新古事記』　著者／村田喜代子

もう40年近く前に、『ロスアラモスからヒロシマへ』という本が翻訳出版された。原子爆弾開発のための秘密軍事基地があったニューメキシコ州のロスアラモスで、科学者の夫と共に2年間暮らしたフィリス・K・フィッシャーという女性の手記だ。科学者の妻たちは、夫の仕事の内容も、秘密裏に原爆開発が進んでいることも知らされない（あるいは知ろうとしない）まま、家事や子育てや犬の世話に明け暮れ、平穏で幸せな日々を送っていたという。

その手記をベースに綴られた小説が本書。手記を書いたフィリスは白人だったが、物語の主人公であるアデラは日系三世という設定になっている。だからこそ、夫たちの研究の成功が、やがて祖父の故郷である日本の広島と長崎に何をもたらしたかを知ったときの衝撃は、とてつもなく大きい。

家族や友を愛し、国を愛する科学者たちが、世の中の空気に踊らされて、あるいは研究欲の趣くまま、悪魔の兵器を完成させていく。心やさしく世間知らずな妻たちは、実験を繰り返す夫たちの様子をいぶかしみながらも、目先のことだけに心を向けて疑問に蓋をし続けることで夫を支え、原爆がもたらす悲劇に加担してしまう。

どちらが善でどちらが悪かといった問いには意味がなく、一人の人間の内に善と悪が分かちがたく混在していること、誰もが加害者にも被害者にもなり得ることを、本書は穏やかな筆致で突きつけてくる。広島・長崎に原爆が投下されて80年、1万発を超える核弾頭が存在する世界に生きている私たちだからこそ、読むべき一冊だ。

発行/講談社　2023・8月刊行

一般小説

『愛という名の切り札』 著者／谷川直子

愛し支えてきた作曲家の夫に「好きな人ができたから」と離婚を迫られたものの離婚に踏み切れない梓。その「好きな人」の叔母で、結婚生活になんの疑問も抱かず生きてきた百合子。二人の中年女性を中心に、非婚や事実婚を選ぶ若い世代も登場させ、結婚したい者・したくない者、浮気した者・された者、離婚したい者・したくない者……それぞれの心の揺らぎを繊細かつ鮮やかに描いていく。

目次に記された章題を読んだだけで、ドキッとする人も多いはず。1章が〈おかあさんさあ、結婚してなにかいいことあった?〉。2章は〈どうして結婚するとしあわせになれると信じていたのだろう、なんの根拠もなく〉。3章〈いちばんきれいだったとき、なにをしていましたか?〉。4章〈もう一度生き直したいんだ、と彼は言った〉。5章〈多く愛した方が負ける。それが結婚

という ゲームのルールです〉。そして最終章が〈一人で生きる。それもいい。二人で生きる。それもいい。その二つをかなえるのが新しい結婚になるはずだ〉という具合。結婚というもの、さらには愛や人生について、さまざまな問いを投げかけてくる問題作。

発行／朝日新聞出版　2022・8月刊行

一般小説

『いい子のあくび』

著者／高瀬隼子

主人公の直子は、ずっと「いい子」として生きてきた。学校でも職場でも恋人の前でも、「いい子」。人の悪口は言わないし、よく気がつき、誰にでもさりげなく気配りをする。ただ、心の奥では、自分の気遣いや親切が「みんなに消費されている」「割に合わない」と不満を感じてもいた。むかつきがたまりにたまったあげく、彼女はある日、スマホを操作しながら歩いてくる人を除けてあげるのをやめることにする。除けなければぶつかってしまうが、〈ケガしたっていいからぶつかったる〉と、心に決めたのだ。その結果、なんとも皮肉な事態に……。

　そんな表題作のほか、２つの短編（特別どこが悪いというわけでもない職場の人たちのことが嫌いで〈みーんな、死なないかなあ〉と思ってしまったりするＯＬの微妙な心理を綴った「お供え」、友人の結婚式に招待された女性の葛藤を描く「末永い幸せ」）を収録。

　芥川賞を受賞した『おいしいごはんが食べられますように』もそうだったが、著者は、ごく普通の女性たちの中に澱のようにたまっていく息苦しさや、複雑微妙な心の動きを日常の情景を通して描くのがうまい。本作も、すらすらさらさら読みやすい筆致で、主人公たちを苛むざらざらとした違和感を浮き彫りにしていて、お見事！

発行／集英社　２０２３・７月刊行

一般小説

『おばちゃんに言うてみ?』

著者/泉ゆたか

収録された5つの連作短編の核となるのは、大坂・岸和田在住の小畑とし子。赤茶色に染めたパンチパーマで、凄まじいお喋り。洋服を選ぶ際、そばにいる見ず知らずの人にヒョウ柄とトラ柄の服を見せ、〈なあ、どっちがええと思う?〉と大声で迫ってくるような「ザ・大坂のおばちゃん」だ。そんな彼女が、五人の男女の相談に乗る。〈溜め込んだらあかんよ。人に話したら、それだけで楽になんねんで。おばちゃんに言うてみ?〉と言いながら強引に……。

とし子に悩みを打ち明けさせられるのは、東京から大坂にある夫の実家近くに引っ越し、関西のノリについていけず疲れ果てた沙由美。もう若くないと焦り、モデルの仕事で釣る詐欺師まがいの男に支配されている華。親にネグレクトされて育ち、大坂のドヤ街に流れ着いて荒れた生活を送る達也etc.……。

最初は、「こんなガサツなおばちゃんに悩み相談なんて絶対ムリ」と腰が引けていたのだけれど、読み進むにつれググッと引き込まれる。やがて、ガサツの代表みたいに思えたとし子の内に秘めた悲しみやつらさが顕わになっていく。やるせなく切ない裏の事情を知ってからは、彼女がしばしば口にする言葉――〈うち、平気やで。大阪のおばちゃん、やから。どんなしんどいことあっても、大阪のおばちゃんはいっつもにこにこ、日本の太陽や！〉がガラリと違って聞こえてくるはずだ。

誰かと話すこと、話して聞いて笑い合うというシンプルなことこそが、生きていくうえで何より大切なのかもしれないと思えてくる、ハートウォーミングな物語。

発行／新潮社　2023・8月刊行

ノンフィクション

『n番部屋を燃やし尽くせ　デジタル性犯罪を追跡した「わたしたち」の記録』

著者／追跡団火花

「n番部屋事件」をご存知だろうか。2018年後半から20年にかけてテレグラムなどのメッセンジャーアプリ内で行われ、韓国社会を震撼させたデジタル性犯罪。複数の加害者が、未成年も含む女性たちの個人情報を盗み取り、脅しによって「奴隷」化して言うことをきかせ、性的な写真や動画を送らせてはアプリ内のチャットルームで流通させていたのである。盗撮写真や、ディープフェイクによって作った知人女性の陵辱動画などもアップされていた。まともな人間が見たら吐き気を催しそうなチャットルームは増え続け、摘発されただけで60部屋、映像をシェアしていた人間は最低でも6万人、被害者は60人を超えるという。

著者は、この事件の解決に大きな功績のあった女性たち。当時大学生でジャーナリスト志望だった二人は、卑劣な犯罪が野放しにされていることに憤り、被害者を救いたいと追跡団「火花」を立ち上げる。そして、潜入取材などを通してチャットルームの実態を暴き、多数の証拠を集め、サイバー性犯罪に腰が引けていた警察やマスコミを動かしていく。

本書は、そのプロセスと、事件前後の二人の思いを綴ったノンフィクション。被害者に対するセカンドレイプにならないよう被害の詳細にはあえて触れず、女性を人間ではなく商品として見ている部屋の利用者たちが交わしたチャット内容や、どのようにして加害者をあぶり出し追い詰めていったかを記している。

事件が社会問題化する中で、著者たち自身も精神的に追い詰められていったそう。「誰かがやらなきゃいけないことだけど、あなたがやらなくても」と親たちに心配されながらも、「誰もやらないから私たちがやる」と途中で投げ出すことをしなかった勇気、迷い苦しみながら成長していく姿に力づけられる。

あまりにひどい性搾取の実態にページを繰るのがイヤになるが、読むべき本の一つだということは確か。多くの人がうすうす気づいていながら傍観者を決め込むことで野放しにされている性加害は、ジャニーズ問題をはじめ日本でも現実に起きている。そして誰もがその被害者になる恐れがあるのだ。本書には、n番部屋事件を受けて法改正が進む韓国社会の変化も併記されている。傍観者であることをやめて、日本も変えていかなければ……なんてことも考えさせられる。

訳／米津篤八ほか　発行／光文社　2023・10月刊行

一般小説

『ひとりでカラカサさしてゆく』　著者／江國香織

物語は衝撃的に始まる。かつて小さな出版社で共に働いていた80代の男女三人が大晦日の夜、とあるホテルに集まって酒を飲み、昔を懐かしんで語らい、猟銃自殺を遂げるのだ。そして、事情聴取のため警察に呼ばれ顔見知りになった自殺者の親族たちのその後と、自死に至るまでの老人たちの軌跡が、くるくると視点を変えながら綴られていく。

登場人物が多いのでちょっと混乱するが、読み進むにつれ、静かな感動に包まれる。三人がなぜ自死したのか、はっきりとした理由は最後までわからない。しかし、配偶者や子供や親友であっても人は人を理解し得ないという切なさと、それでもなお誰かとつながり理解し合いたいと願わずにいられない人間という存在の愛おしさに、胸打たれる。

人生には別れや喪失がつきものだけれど、失われたように見えても確かに残り続けている大切なものがあることにも気づかせてくれる。

発行／新潮社　２０２１・12月刊行

一般小説

『生を祝う』　著者／李琴峰

台湾で生まれ、来日後に日本語で書いた『彼岸花の咲く島』で2021年芥川賞に輝いた著者。受賞後第一作となる本書では、人種やジェンダーによる差別がなくなった近未来を描く。

物語の舞台は、「すべてを平等に」という思想を突き詰めた結果、胎児による「合意出生制度」なるものが当たり前になった社会だ。今の社会に、この親たちの子供として生まれたいか、生まれたくないかを、まだ母親のお腹にいる妊娠9カ月の胎児自身が選んで決める。その子が生まれ出ることを望まなければ、どんなに子供が欲しくても出産することはできない……。

突拍子もない設定なのだけれど、筆の力が生み出す不思議なリアリティで読者に重く切実な問いを突きつけてくる。生きづらさを増す一方の現代にあって、子供が欲しいと思うのは親のエゴなのではないか？　やっと授かった我が子に「生まれたくない」という選択をされてしまったら？　命はいつから命になるのか？　受精直後か、胎児と呼ばれるようになる妊娠8週目からか、中絶が認められる妊娠22週未満の胎児は命ではないのか？　命に対する責任はいったい誰にあるのか？

2021年の流行語大賞に「親ガチャ」という言葉がノミネートされた。どんな親のもとに生まれるか、家庭環境や生まれ持った容姿・能力によって人生を左右される状況を、ゲームの「ガチャ」になぞらえたスラングで、「親ガチャで大ハズレ」などと言うらしい。そんな残酷で切ないスラング以上にドキリとさせられる一冊だ

発行／朝日新聞出版　2021・12月刊行

一般小説

『もっと悪い妻』　著者／桐野夏生

ネット上で悪妻と叩かれて悩むバンド・ヴォーカルの妻が主人公の「悪い妻」、家庭の平穏を保つために外で恋人を作る必要があると言って、夫を愛しているのに夫公認で元彼との不倫を続ける女性を描く「もっと悪い妻」など、6編を収録。

直木賞作家の西加奈子が、〈不幸な「悪い妻」は許されるが、満たされた「もっと悪い妻」は断罪される。「妻」という呪いと、「妻」を理想化する社会へのしたたかなカウンター〉と推薦文を寄せているように、適度な毒を効かせながら、「良い妻」「悪い妻」とは何か、さらに「良い家庭」とは？と問いかけてくる。

登場する男たちの身勝手さが、またリアルだ。18歳下の女性に絡み続ける「武蔵野線」という短編の53歳バツイチ男も、行くあてのない店子の老女に一緒に暮らそうと誘いかける「みなしご」

の70代男やもめも、自分とのやりとりを相手が喜ぶはず、ほかに頼る人などいないはずと思い込んでいる。そして、彼女たちが想定外の行動をすると、たじろぎ、無視するか拒絶することしかできなくなる。ドキリ、ヒヤリとさせられる男性読者も多いのでは？

発行／文藝春秋　2023・6月刊行

書簡集

『その世とこの世』

著者／谷川俊太郎　ブレイディみかこ

92歳で現役の日本を代表する詩人と、イギリスで保育士をしながら書いたエッセイが次々とベストセラーになっているアラ還の人気ライターが、家族のあり方から昨今の世界情勢、老いや介護、生と死など、さまざまなテーマで綴った書簡集。

1年半にわたり交わされた手紙の谷川さんのパートは詩と短文からなり、ブレイディさんのほうは散文。会ったことも話したこともなかった34歳も年の離れた二人によるやりとりは、一見、噛み合っていないようだが、深いところでがっちり絡み合い、互いに影響し合って思索を深めていくのがわかる。だからなのだろう、それを読む私たちも自分を、人間を、社会を深く見つめ直し、さまざまなことを考えさせられてしまうのだ。気鋭の画家によるイラストも、味わい深い。

イラスト／奥村門土　発行／岩波書店　2023・11月刊行

一般小説

『あなたのものじゃないものは、あなたのものじゃない』

著者／ヘレン・オイェイェミ

ナイジェリアで生まれ、4歳からロンドンで育ち、サマセット・モーム賞など数々の賞を受賞している30代の女性作家による短編集。ポップスターの炎上騒ぎを描く「『ごめん』でお茶は甘くならない」、欲しいものはなんでも手に入るが一度チェックインしたら二度とチェックアウトできないホテルが舞台の「フレディ・バランドフ、チェック……イン？」、共依存関係の夫婦の間で互いの満たされない思いが積もっていく「気配」など、収録された9編は、幅広い人種・年齢・ジェンダーの色とりどりの声で溢れている。

ただ、一見バラエティに富んでいるのだが、静かに貫くテーマがある。それは「欲望」。著者いわく、「欲しいものがあっても、そのうちいくつかは手に入らない。たとえいったん手に入れたとしても、永遠に自分のもののままになるものなどない」。欲望に振り回されざるを得ない人間の悲しみが伝わってくる物語から、欲との上手なつき合い方が見えてくる。

訳／上田麻由子　発行／河出書房新社　2023・6月刊行

一般小説

『わたしに会いたい』 著者／西加奈子

コロナ禍の只中にカナダで両乳房の摘出手術を受けた体験を描いたノンフィクション『くもをさがす』で、多くの女性読者を勇気づけてくれた著者。本書に収録された8つの短編小説のうち7作も、乳がんが発覚し治療を行っていた間に執筆したものだという。

病気、妊娠、成長、老い……さまざまな原因で体は変化し、それに伴う戸惑いや不安、焦り、怒り、やるせなさなどなど、複雑な感情が湧き起こる。さらに、周囲からの容赦のない視線や心ない言葉にもさらされる。そんな女性の体と性にまつわるあれこれや、痴漢被害やセクハラなどの問題も含めた女であるがゆえの生きづらさが、小説の形ながら驚くほどストレートに描かれていく。

ヒロインたちのほとんどは、最終的には自分の体の変化を前向きに受け入れ、周囲のからかいや冷たい視線を跳ね返してみせる。その潔さが心地よく、励まされる。読み終えたあと、だいぶくたびれてきた自分の体さえ愛おしく思えてくる。

発行／集英社　2023・11月刊行

ノンフィクション

『Hマートで泣きながら』　著者／ミシェル・ザウナー

アメリカでベストセラーになり、オバマ元大統領の「2021年のお気に入り書籍」の一冊にも選ばれた回想録。

著者は、韓国人の母とアメリカ人の父との間にオレゴン州で生まれたインディーズのロックミュージシャン。白人が圧倒的多数を占める田舎町でミックスルーツであるがゆえに葛藤し、娘を自分の理想とする「完璧なバージョン」に仕上げようとする母親との関係に悩みながら成長したという。

音楽の道を志すことに猛反対する母と決裂し家を出たが、25歳のとき母親ががんに。バンド活動を中断し、介護のため故郷に戻ったものの、母は過酷な闘病の末、58歳で亡くなってしまう。そんな体験と失意からの再生が瑞々しい筆致で綴られていく。

失意から立ち直る支えとなったのが、亡き母が愛情表現の要としていた料理だった。アジアの食材を専門に扱うスーパー「Hマート」に毎週通い、YouTubeを頼りに病床の母に作ってあげられなかった韓国のおかゆをこしらえたり、キムチを漬けてみたり、子供のころ母が作ってくれた思い出の味を再現してみたり……。

そうして韓国料理を作って食べることで、母親の人生と死を見つめ、悩みの種だった自身のアイデンティティと向き合い、前に進む力を養っていくのだ。また、母の遺品を整理しながら書きためた曲が評判を呼び、ミュージシャンとしても羽ばたき始める（彼女のバンド「ジャパニーズ・ブレックファスト」は2022年のグラミー賞で最優秀新人賞など2部門にノミネートされている）。共感し、胸がキュンとなり、登場する料理の数々にお腹がグウと鳴ること必至！

訳／雨海弘美　発行／集英社クリエイティブ　2022・10月刊行

一般小説

『もう別れてもいいですか』　著者／垣谷美雨

モラハラ夫に悩まされ続け、子供たちが独立して二人だけになった今は、夫と一緒の空間にいたくない、早く死んでほしいとさえ思うようになった澄子、58歳。離婚したいけれど、お金はないし、老後が心配。愛情など欠片もないが、長年共に暮らした相手への情はある。さて、どうしよう……。

典型的男尊女卑夫に対して言いたいことも言えずウジウジしている主人公に最初のうちイライラするけれど、「残りの人生そう長くないのだ」と覚悟を決めてから澄子は変わり始める。自分の芯を取り戻し少しずつ強くなっていく姿に、エールを送りたくなる。

発行／中央公論新社　2022・1月刊行

一般小説

『介護者D』　著者／河﨑秋子

主人公の琴美は30歳。一人暮らしの父が倒れて介護が必要になったため、派遣の契約を更新せずに実家のある札幌へと戻る。もともと頑固だった父だが、老化と病気のためさらに酷くなり、父の愛犬まで認知症を発症。やっと見つけた職場もコロナで閉鎖と踏んだり蹴ったりだ。アメリカ暮らしの妹や昔の同級生が幸せに見え、「なんで自分だけ」と絶望しそうになる琴美だが、アイドルの「推し活」をすることで心の均衡を保つ……。

タイトルの「D」が象徴する主人公の過去、子供のころに抱かされてしまった劣等感ゆえの心の疼きが、読んでいてヒリヒリと痛い。人も動物も老いは避けられず、人生にはつらいことのほうが多いけれど、それでも日常は続き、生きることを強いる。ならば、推し活でもなんでもいいから自分の光となる何かを見つけて歩いていこう……そんな著者の声が聞こえてくるようだ。ヘビーだが、前を向き続ける覚悟を育ててくれる物語。

発行／朝日新聞出版　2022・9月刊行

一般小説

『私たちが記したもの』　著者／チョ・ナムジュ

一人の韓国女性の半生を通して、女として生まれたがゆえの困難や差別を浮き彫りにした『82年生まれ、キム・ジヨン』。韓国で大ベストセラーとなり、日本でも大いに話題を呼んだ小説の著者による短編集は、小学生から80代までの韓国女性たちが主人公だ。

コロナ禍の中で初めて人を好きになる小学生の淡い恋心を描いた「初恋2020」、母と娘の意識のズレに迫った「女の子は大きくなって」、社内での女性差別と非合理的なシステムに悩むOLに思わず共感してしまう「ミス・キムは知っている」、義理の母と世代を超えた友情を育んでいく「オーロラの夜」、韓国の女性差別問題を小説化した著者自身らしき作家がさまざまな誹謗中傷を受けて筆を折る寸前まで追い込まれてしまう「誤記」……などなど、7編を収録。
どれも淡々とした筆致ながら、韓国の女性たちの現在がリアルに伝わってくる。もちろん、日本の女性読者にとっても他人事とは思えず、主人公たちの怒りや悔しさ、戸惑いや不安、祈りに共感・共鳴せずにはいられない。

訳／小山内園子ほか　発行／筑摩書房　2023・3月刊行

一般小説

『ついでにジェントルメン』　著者／柚木麻子

編集者にダメ出しをされ続けて落ち込む新人作家に文豪・菊池寛の銅像が話しかけてくる「Come Come Kan!!」、赤ちゃんを抱いた女性が突然入ってきた会員制鮨屋を舞台にした「エルゴと不倫鮨」など、7つの短編を収録。

社会と微妙に歯車が合わず、息苦しさや不自由さを感じている主人公たちが、同じような悩みを抱えた女性たち（プラス、話のわかる押しつけがましくない男たち）に支えられたり刺激されたりしながら、一歩前進する姿を軽妙に描く。女性たちの緩やかな連帯が心地いい。男性読者は、我が身を省みる一助に。

発行／文藝春秋　2022・4月刊行

一般小説

『スイマーズ』　著者／ジュリー・オオツカ

物語は、地下深くに作られた公営プールに通い詰めて泳ぐ人々＝スイマーズのスケッチから始まる。年齢も職業も社会階級も違う彼らはそれぞれに、過食やリストラ、うつ病といった悩みを抱えているのだが、そこなら地上で背負っていた責任や苦悩をひととき忘れ、自分自身に戻り、自由になれるのだ。

日系アメリカ人である著者は、やがて物語を、スイマーズの一人で認知症を発症したアリスと、その娘へとフォーカスさせていく。アリスも著者同様、日系の女性。病におかされていく彼女のおぼろな記憶や時に鮮明に蘇る思い出が織りなすタペストリーを通して、移民として生きてきた人生と家族の歴史が見えてくる……。

人生そのものが記憶の集合体であること、楽しい記憶やうれしい記憶だけでなく、悲しくつらい記憶やくだらないと思っていた出来事さえも、かけがえのない愛おしいものなのだと痛感させられる米カーネギー賞受賞作。

訳／小竹由美子　発行／新潮社　2024・6月刊行

一般小説

『植物少女』　著者／朝比奈秋

物語は、病室で眠り続けている母親を見舞う娘の回想という形で進んでいく。主人公・美桜の母親は、出産時に脳出血し、植物状態になった。口に食べ物を入れれば反射的に咀嚼し、排泄もするが、意識は皆無。美桜は生まれてから一度も動いている母親を見たことも、喋ったことも、抱きしめられたこともない。でも、幼いころは、動かない母親のおっぱいをくわえ、お腹のうえで母の呼吸に合わせて眠った。手を握れば、条件反射で握り返してくれたように感じてもいた。

日課のように病室を訪れ、その日にあったことや悩みやグチを母に語ることで精神のバランスを保ってきた美桜。動いている母の姿など想像することもできず、返事がなくて当然と、ごく自然に受け入れていたのだけれど、成長するにつれ、自分でも気づいていなかった痛みや悲しみ、欠落したものを求める渇きが表面化していく。そばに第三者がいたら耳を塞ぎたくなるような言葉を意識のない母にぶつけ、目を背けてしまうような行動をとることさえ……。

なんだか突拍子もない設定に思えるけれど、著者が医師ということもあって、植物状態で生きる患者たちが寝ている病室の様子や、患者家族の心情描写がとてもリアル。母と娘が長い長い時を過ごす病室の空気感やにおいまで、まざまざと伝わってくるようで、幾度となく胸を締めつけられる。

言葉を交わせなくても、動けなくても、そこに存在するだけで、人は誰かに影響を与え、何かを残すことができるのだろうか。生きるとはどういうことなのか、と深く考えさせられる。切なすぎるほど切ない小説なのに、読後感は不思議とさわやかだ。寝たきりの母の呼吸を「生の充実」

だと気づいて未来を向き始める高校生の美桜に、やがて成長し結婚して母となる彼女に、パワーをもらうと同時に、エールを送りたくなる。

発行／朝日新聞出版　2023・1月刊行

一般小説

『がらんどう』　著者／大谷朝子

とあるアイドルグループの推し活を通じて知り合ったアラフォーのシングル女性二人が、コロナ禍の中でルームシェアをスタートする。

語り手である平井は、これまで一度も恋愛感情を抱いたことがなく、男性を忌避しているが、子供を産む未来も捨て切れない。彼女に「ルームシェアっていうの、やらない？　もっと広い部屋に住めるし、生活費も節約できるし、家事も分担できるよ」と持ちかけてきた菅沼は、愛犬を亡くした人たちのため死んだ犬のフィギュアを３Ｄプリンターで作り、単身赴任中の既婚者と人知れず不倫を続けている。そんな二人が、推していたアイドルがデキ婚したショックから、婚活を開始。マッチングアプリで知り合った男性に会ってみたら、マルチ商法の勧誘で……といった日々が淡々と描かれていく。

世間的な標準から見れば幸せとは言えず、どこかで自分を「がらんどう」だと感じてしまっている二人にとって、ルームシェアは人生のプレゼントのようなもの。どちらも本音を口にすることはないけれど、お互いの存在で心の空洞を少しずつ埋め合っていく。諦め切れなかったことを諦め、満たされなさや不安を抱えながら生きていくための力が育ち始める。派手さはないが、じんわりと胸に沁みるすばる文学賞受賞作。

発行／集英社　2023・2月刊行

一般小説

『別れの色彩』

著者／ベルンハルト・シュリンク

歳を重ねるにつれ、大切な人との別れが増えていく。あの時ああしていればよかった、こう言っておけばよかった……という後悔も募る。そんな感情を見事なまでに描き切っているのが、世界の読書好きを魅了してきたドイツのベテラン作家による短編集だ。

男と女、親と子、友人やお隣さん……さまざまな別れの風景を9つの作品に昇華していて、どれも秀逸なのだが、特に「人工知能」と題された一編が胸に沁みる。

旧東ドイツの数学者だった主人公は、情報工学の若きスターだった幼なじみのアンドレアスを裏切った過去を持つ。彼が西ドイツへの亡命を計画していることを秘密警察に密告してしまったのだ。アンドレアスは刑務所に送られ、「ぼく」は彼に取って代わってもてはやされるようになる。ベルリンの壁が崩壊しドイツが統一されてからも、巧みに立ちまわって成功者となり、刑務所を出て自由の身となったアンドレアスとつき合ってきた。密告の過去と、それゆえに心を苛み続けた後悔や良心の呵責を、友の前ではひた隠しにしたまま……。

どの作品も結末までに一捻り、二捻りあって、幾たびも心を締めつけられる。

訳／松永美穂　発行／新潮社　2023・3月刊行

一般小説

『死ねばいい！呪った女と暮らします』

著者／保坂祐希

主人公は、76歳の真理子。30年前に夫と離婚し、慰謝料代わりにもらった一軒家に一人で暮らしてきた。単調な毎日が続いていたある台風の夜、太った老女がケガをして庭にうずくまっているのを見つける。

放っておけず家に招き入れると、遙かに年上に見えた女は3歳年下で加代と名乗った。なぜ庭にいたのか疑問に思いながらも、孤独な真理子は「家賃が払えず帰る家がない」という加代に「しばらくここにいていい」と口走っていた。

得体の知れない加代に最初は警戒心を抱いていた真理子だが、生真面目に慎ましく生きてきた自分と違って大胆かつ子供のように無邪気で屈託なく笑う彼女に心惹かれ、ずっと二人で暮らせたらなどと思うようになる。しかし、過激なタイトルが暗示しているように、やがて加代は真理子が呪いたいほど憎んでいた相手だったのを知ることに……。

いったいなぜ、どんな思いを胸に、加代は嵐の夜、真理子のもとにやってきたのか。クライマックスにかけて明かされる事実に驚かされ、同時に、憎み合ってもしかたのない二人の間に築かれていく友情に心があたたかくなる。

生きている限り、人と人はわかり合える可能性があるのかもしれない。後悔しないために大切なのは、素直になって思いを言葉にすること——社会派エンターテインメントを得意とする著者の最新作は、そんなことに気づかせてくれる。

発行／中央公論新社　2024・6月刊行

一般小説

『アントワネット』　著者／ロベルト・ヴェラーヘン

たまにケンカもするけれど、お互いを尊重し愛し合い、幸せに暮らしていた夫婦、「ぼく」とアントワネット。なかなか子供ができないので診察を受けたが、原因不明。不妊治療を続けてはいるけれど、今回もダメ、また今回も……という失望の連続で、二人の間に亀裂が広がっていく。つらい不妊治療に疲弊するカップルの複雑微妙な心の綾が、夫の視点から描かれる。もっと若いときに出会って結婚していれば子供に恵まれたんだろうか。別の病院で治療を受ければよかったんだろうか。ほかの相手と結婚していたほうがお互いに幸せだったんじゃないか……今さら問うても仕方のない問いを、ついつい自分に投げかけずにいられない。幸せとは何か、夫婦とは何かを考えさせられる、オランダの実力派作家による問題作。
訳／國森由美子　発行／集英社　2022・1月刊行

一般小説

『包帯クラブルック・アット・ミー！　The Bandage Club Look At Me!』

著者／天童荒太

心の傷をインターネットで募集し、投稿した人々が傷を負った場所を訪れてはそこに包帯を巻き、その写真を相手に送り返す――そんな奇特な活動を始めた六人の高校生を描いて話題を呼んだ小説『包帯クラブ』が刊行されたのは２００６年。映画化もされたベストセラーの続編が、16年ぶりに発表された。

高校時代、「この世界には、たくさんのつらいことがある。悲しみが溢れている。その一つ一つに手当てをすることは誰にもできない。だからといって、何をしたって無駄、なんて言いたくはない」と動き始めた少年少女は、本書では成人し、国際医療団の看護師や紛争地で取材するフォト・ジャーナリストとなり、自分たちにできる方法で「戦わずに大切なものを守る」活動を続けていた。

　現在と高校時代を往還しながら進む物語は、読む者の痛みにもそっと寄り添い、つらいときにつらいと声をあげること、誰かに助けを求めることの大切さを語りかけてくる。と同時に、ちっぽけで何もできないように思えていた自分の中にも誰かを励ましたり助けたりする力が眠っていること、一歩踏み出してみるだけで何かを変えられることに気づかせてもくれる。

　コロナ禍でみんなが心の余裕を失っている今だからこそ、読む価値のある物語。できれば、まず前作を読んでから、本書を。

発行／筑摩書房　2022・3月刊行

一般小説

『わたしたちに翼はいらない』　著者／寺地はるな

夫と離婚して4歳の娘を一人で育てている朱音。ワーキングマザーのふりをして、朱音と同じ保育園に娘をあずけている専業主婦の莉子。マンションの管理会社で働いている律。地方都市に生まれ育ち、今もそこで暮らしている三人の男女、それぞれの視点を入れ替えながら物語は進んでいく。

律は、いじめられていた中学時代にすら考えなかった自死を願うが、15階建てマンションから飛び降りかけてふと、〈あいつを殺してから死のう〉と思い立つ。あいつとは、莉子の夫、大樹であるらしい。読み進むにつれ、律やシングルマザーの朱音だけでなく、一見、幸せそうに見える莉子もまた、中学時代に負った心の傷が癒えないまま、本当の自分を殺して今を生きていることがわかってくる。

いじめ、夫のモラハラ、ママ友づき合いの複雑さ、毒母による支配……。さまざまな問題を抱えた主人公たちの心情が掘り下げられていく。三人とも過去に囚われ、自分を卑下しているがゆえに、ありのままの自分を周囲に見せられず、人と自分を比べずにいられない。その描写は読んでいてつらくなるほど。そしてまた、彼らが抱えているどす黒い感情が、読者である自分と決して無縁のものではないことにも気づかされ、胸がチクチクざわざわ。

とはいえ、読後感は悪くない。それぞれに傷や問題を抱えた三人が壁をヒラリと乗り越えて成長していく……なんてことはないのだけれど、蓋をしていた過去の傷や自分の内なるマイナス感情から目を背けず、しっかりと見据え認めることで、生き抜く力を育てていく。安易な成長物語ではないからこそリアルで、読む者の共感を誘い、胸を打つのだろう。

発行／新潮社　2023・8月刊行

一般小説

『すべての月、すべての年　ルシア・ベルリン作品集』

著者／ルシア・ベルリン

著者は1936年アラスカ生まれのアメリカ人作家。父が鉱山技師だったため、チリをはじめ北米の鉱山町を転々としながら成長。教師や掃除婦、電話交換手、看護助手などの仕事をしながらシングルマザーとして4人の息子を育て、アルコール依存症に苦しみつつ20代から小説を書き始めたという。

最初の作品集が出版されたのは40代になってから。その後、刑務所などで創作を教え始め、やがて大学の准教授となり2004年に68歳で亡くなった。多くの作家に影響を与えていたにもかかわらず、本国アメリカでさえ知る人ぞ知る存在だったらしいが、2015年に短編集が刊行されるとベストセラーに。

本書には、「魂の作家」として再評価された彼女の19の短編が収録されている。豊富な体験に根ざした作品は、舞台も主人公もさまざまだが、どれも凄まじい吸引力でその世界に読者を引きずり込む。読んでいると、作中に登場する〈砂漠の真ん中の堕胎工場の中庭に咲く〉オシロイバナの香りがし、患者に救命措置を施しながら不謹慎なジョークを飛ばし合う救急隊員たちの息づかいまで聞こえてくるようだ。著者自身を思わせる看護師の葛藤を描く一編も忘れ難い。患者やその家族たちのナマの感情から自分の身を守るため、彼女は目をちょっと寄り目にしながら、〈言葉では言い表せない希望や悲しみをこめて〉彼らの目を真っ直ぐに見つめ返す。

ドキュメンタリーを思わせる乾いた文体なのに、登場人物たちの、そして著者が抱えていた孤独がひしひしと伝わってくる。今、生きていたら80代後半になる女性が書いた作品だが、古いどころか新しい。19編とも読後、深い余韻が残り、何度も読み返したくなる。

訳／岸本佐知子　発行／講談社　2022・4月刊行

エンタメ

『ラビリンス　生存の迷宮』　著者／シモン・ストーレンハーグ

著者はスウェーデンのデジタルアーティスト。美しい田園風景とディストピアSF的な造形物を融合させ、懐かしさと近未来感が混在する奇妙で魅力的な作品で、世界各地に熱狂的なファンを持つ。

アートとストーリーが一体になった本書は、大気に有毒物質が満ち、人間は地下に建設された都市でかろうじて生きている近未来が舞台。地下で懸命に生き延びようとあがく兄妹と、地上に取り残された兄弟の姿に、コロナ禍やロシアによるウクライナ侵攻で苦しむ人々の姿が否応なく重なる。とてつもなく暗く鬱々とした作品なのに、見る者を惹きつけてやまない。

訳／山形浩生　発行／グラフィック社　2022・5月刊行

一般小説

『口笛の上手な白雪姫』

著者／小川洋子

『博士の愛した数式』など名作を生み出し続けている物語巧者による短編集。両親が〝集会〟に行って不在中、時報案内に電話を掛け続ける吃音の少年を主人公にした「先まわりローバ」。愛する作家の作品をあちこちに勝手に置いてまわったり、彼の講演会に出没しては作品に描かれていない架空の場面について質問したりすることで、作家と精神の交流を持とうとする受付嬢を描いた「仮名の作家」……などなど、収録された8編は、いずれも豊かな想像力と人間を見つめるあたたかで深い眼差しを感じさせる秀作揃い。不器用だけれどひたむきに生きる人々の寂しさや悲しさ、小さな喜びが、静謐かつ美しい筆致で綴られ、読者が抱えているさまざまな感情と共鳴し、心震わせる。

特に表題作、「口笛の上手な白雪姫」が秀逸だ。主人公は、公衆浴場にいつもいる小さなおばさん。赤ちゃん連れの母親たちがゆっくり入浴できるよう、脱衣場で乳飲み子の世話をするのを生業にしている。いつも湯気の中に身を置いているせいで、皮膚がふやけ、体の輪郭も水蒸気の揺らめきの中にかすんでしまっているけれど、彼女が吹くか細い口笛の音は、大人には聞こえなくても、赤ちゃんにとっては天使が奏でる自由自在で多彩な音楽のよう……。切なすぎるが忘れられない一編だ。

発行／幻冬舎　2018・1月刊行

一般小説

『一心同体だった』　**著者／山内マリコ**

全8話からなる連作短編集。平成の30年間の世相を背景に、10歳、14歳、18歳……そして40歳と、その年代を自分なりに頑張って生きていた女性たち8人の人生と友情が、語り手を変えながらリレー形式で紡がれていく。

読みながら、「わかるわかる」と共感したり、自分のダメなところを指摘されたようでグサグサ胸に刺さったり、懐かしさに胸がいっぱいになったり、「そうそう、あるある」と吹き出してしまったり、音信不通になってしまったかつての友を思い出して胸がキュンとしたり、主人公と一緒に自分自身や世界に毒を吐きたくなったり……とにかく、いろんな感情をかき立てられる。

人間関係を巡る複雑微妙な感情（他人と比べられたくはないけど、自分にないものを持っている友だちが羨ましい。一人になるのがイヤだから、本当は気が合わないのに表面的な友だちづき合いを続けている。お互いに気を遣いすぎて疲れ果てたあげく、どちらからともなく疎遠になってしまったetc.）を活写する著者の筆使いが、見事。

リアルすぎて胸が痛くなるが、物語全体を貫いているのは女性たちに向けた熱いエールだ。頑張っても報われないことのほうが多いし、学校でも職場でも結婚・出産後も女が生きづらい日本だけれど、「負けちゃいられないよね。そう、あなたも大丈夫！」と励ましてもらったような気分に。

発行／光文社　2022・5月刊行

一般小説

『夜のだれかの岸辺』　著者／木村紅美

高校卒業後、モラトリアムな日々を過ごしていた19歳の茜は、母がヘルパーとして通っている89歳の老女、ソヨミさんに頼まれ、アルバイトを始めた。ソヨミさんに添い寝し、朝ごはんも一緒に食べるという仕事で、バイト料は月に9万円。ソヨミさんが暮らす二世帯住宅の2階は息子夫婦の住まいだが、息子は退職してから旅行三昧でほとんど家にいない。留守を預かる30歳の孫との仲も冷え切っている。

毎晩のように悪夢にうなされ、亡き夫ではない誰かの名前らしき寝言をつぶやく老女に添い寝するうち、茜はソヨミさんの悪夢の原因が、昭和恐慌期の東北の悲しい歴史にあることを知っていく。
学生時代いじめに遭い、心を閉ざしてきた茜だが、ソヨミさんとその幼馴染みの人生を知ることで、少しずつ変わり始める。そして、気づくのだ。自分の歩む道を自分で選ぶことが不可能だった彼女たちと違って、私の前にはそれほど多くはないかもしれないけれどいくつもの選択肢があり、自らの手で未来を切り開いていけることに……。

発行／講談社　2023・3月刊行

一般小説

『タイム・オブ・デス、デート・オブ・バース』

著者／窪美澄

物語の舞台は、昭和の東京オリンピックのころに立てられた都内の団地。老朽化が進んで今や自殺の名所となり、ここ以外どこにも行けないような人ばかりが住んでいる。

主人公のみかげも、生まれたときからこの団地の住人だ。幼くして父を亡くし、10歳のとき母が家を出てからは、5歳上の姉が夜の仕事をして彼女を養ってくれた。ひどいいじめに遭って夜間高校に通うようになり、パン工場でアルバイトをしているが、喘息のため長時間は働けない。

世の中のことについて何も知らず、コンプレックスの塊のようなみかげだったが、ある日、「ぜんじろう」と名乗る謎めいた老人に誘われ、ボランティアで「団地警備員」の活動をすることに。一人暮らしの高齢者の部屋や子供のいる家を定期的に訪問したり、飛び降り自殺をする者がいないかをチェックしたりするのが、その役目だ。

社会の中に居場所を見つけられず、希望を持てず、未来を切り開くという発想もないまま自分の殻に閉じこもって生きていたみかげ。そんな彼女が、警備員の仕事を通してさまざまな人と出会い、世界を広げ、また親しい人の死を経験することで成長していく。

現代日本に確実に存在する貧しさや矛盾を浮き彫りにした悲しい物語でありながら、読み進むにつれ、あたたかさと希望に包まれる。物語の終盤、得体の知れなかったぜんじろうの過去が明かされるシーンでは、涙《なだ》そうそう。

人は、一人では生きられない。自分でも気がつかないところで誰かに助けられていることもあれば、助けられているはずの自分が逆に相手の力になっていることだってある。そんなことに気づかせてくれる一冊だ。『夜に星を放つ』で2022年に直木賞を受賞した著者による、胸の奥までじんわりと沁みわたる成長譚。

発行／筑摩書房　2022・12月刊行

一般小説

『とんこつQ&A』　著者／今村夏子

「とんこつ」という店名なのにとんこつラーメンがない中華料理店で働き始めた「わたし」は、

極度の緊張症。「いらっしゃいませ」も「ありがとうございました」も言えず、注文を取りに行くことも空いた皿を下げることも電話に出ることもできず、8時間直立不動で立ち続けるばかり。にもかかわらず、店主も、坊ちゃん（登校拒否でいつも店にいる小学生）も、なぜだかとてもやさしい。二人の思いに応えたいと、彼女はさまざまな接客シチュエーションを想定したQ＆Aメモを作り、それを読むことで少しずつ接客ができるようになる。しかし、新人アルバイトが雇われると、みんなの態度が変わり始め……。

そんな表題作など4つの短編を収録。どの作品も、読者の予想を裏切り続ける。主人公たちはみんな世間からちょっとズレていて、物語が進むにつれ、そのズレがますます拡大していく。読むほどに、ざわざわ感が増して息苦しささえ覚えるのだが、著者の芥川賞受賞作『むらさきのスカートの女』同様、独特の面白さがあって読むのをやめられない。何気ない日常の中に潜む不穏な空気、人間という存在の悲しみとおかしみを突きつけられるようで、読後、茫然！

発行／講談社　2022・7月刊行

一般小説

『錠剤F』　著者／井上荒野

10の物語からなる短編集は、平凡な人々の日常がふと揺らぐ瞬間を鮮やかに掬い取ってみせる。夫が突然逮捕されたことで、共に暮らしてきた相手の真の姿を知らなかったことに愕然とする「刺繍の本棚」。コンビニで働く青年が女性客に突然、あなたの子種が欲しいんですと言われる「ぴぴピーズ」。マッチングアプリのデートもうまくいかず、劣等感を募らせている保育士が主人公の「みみず」。イヤなことに目をつぶって生きてきた定食屋のおかみさんが、近所のクレーマーからとんでもないクレームをつけられる「あたらしい日よけ」。同僚がネットで自殺のための薬を買おうとしていることを知ってしまうハウスクリーニング業の女性を描く表題作ｅｔｃ．……。主人公たちが人知れず抱えている寂しさ、幸せに見える日々の隙間に潜む現代社会ならではの孤独を浮き彫りにしていく手腕は、さすが小説巧者！

読後感は、かなり悪い。読むほどに心がざわざわして、周囲に不穏な空気がたちこめていくようだ。なのに、ページをめくり続けてしまうのは、読者自身の中にも少なからず存在するマイナス感情が掘り起こされ、主人公たちのそれと響き合うからなのだろう。予想を裏切るストーリー展開と巧みな心理描写に唸らされる。

発行／集英社　2024・1月刊行

エンタメ

『標本作家』　著者／小川楽喜

物語の舞台は、人類が滅びてから80万年が過ぎた西暦80万2700年のロンドン。人類滅亡後に誕生した「玲伎種」という新たな知的生命体は、人間の文化を知りたいと、さまざまな国と時代の文豪や人気作家たちを蘇生させて小説を書かせるプロジェクトをスタートする。蘇生した作家には保存処置が施され、廃棄されない限り永遠に生き続けられるが、自由は皆無。標本として管理され、小さな館に押し込められて延々と小説を執筆することを強いられる。それも、自分一人で書くわけではない。「異才混淆」というシステムによって作家たちの感性や作風がミックスされ、大勢で一つの作品を創作するのだ。

玲伎種の一人である管理者が、完成した作品に目を通すのだが、その評価はずっと「退屈。凡庸。落第。拙劣。幻滅。陳腐。不快。屑。論外。愚にもつかない」といった具合。しかも、この数万年、提出するたび明らかに作品の質が落ちていた。一人で一つの作品を書いて酷評されることに堪えかねた作家たちが、「異才混淆」による共作を受け入れるようになって以降、それぞれが持っていた強烈な個性も失われていったから。

このままではヒトの想像力が衰微してしまうと、一人の女性が危惧する。19世紀に下級貴族の娘として生まれた人間だが、玲伎種によって死なないよう保存処理をされ、作家たちと玲伎種との交渉や編集作業を担当する「巡稿者」という役割を与えられていた。彼女は、プロジェクトの核である高名な作家たちのもとを訪れては、共作をやめて一人で書いてくださいと提案し始める……。

人間の創造力の根源にあるものは何なのか、小説というものがどんな力を秘めているのかをSF仕立てで掘り下げていく、ほろ苦く美しく深淵な物語。著者の書物愛がひしひしと伝わってきて、読後、「ああ、あの作家の小説が読みたい。あれも、これも……」と読書欲をそそられる。

発行／早川書房　2023・1月刊行

一般小説

『良妻の掟』　著者／カーマ・ブラウン

マンハッタンのPR会社でバリバリ働いていたアリスが、夫に押し切られる形で仕事を辞め、ニューヨーク郊外の屋敷に引っ越すところから物語は始まる。広い庭のあるその屋敷には、少し前まで、ネリーという専業主婦の女性が40年も暮らしていたらしく、掃除をすると彼女の痕跡が次々見つかり……。

アイデンティティの拠り所だった仕事を失い、閉塞感と虚しさを抱えて一日中家で過ごす2018年のアリスと、「良妻の鑑」として振る舞いながら深い秘密を抱えていたらしい1955年のネリー。二人の暮らしぶりと心の揺らぎが交互に描かれていく。

この60年で女性が置かれている状況は大きく変わったけれど、その一方で、変わらないものも山ほどあり、男女同権が日本より進むアメリカですら家父長制が厳然として続いていることを、この物語は突きつけてくる。アメリカで女性たちの共感を呼びベストセラーとなった一冊。

訳／加藤洋子　発行／集英社　2022・12月刊行

一般小説

『川のある街』　著者／江國香織

川と時間と人生――三つの「流れるもの」をテーマにした「川のある街」「川のある街Ⅱ」「川のある街Ⅲ」という3編が収録されている。一作目は、両親が離婚し、母親の実家がある郊外の街に引っ越してきた8歳の少女の成長を描く。二作目は、結婚相手の家族に会うため北陸の地方都市にやってきた女性と、出産を控える三人の妊婦を巡る物語。

特に心打たれるのが、運河の張り巡らされたヨーロッパの街を舞台にした三作目だ。40数年前、その街に移住した芙美子のもとを、姪の澪が訪ねてくる。澪の目的は、父に頼まれて芙美子に帰国をうながすこと。若き日に大学教師の職を捨て、同性の恋人と共に日本を飛び出した伯母は、愛する人に先立たれて今は一人。年老いて、認知症を発症していた。

大好きで尊敬もしていた伯母は集中力を欠き、何かと我慢がきかなくなり、時々目がうつろになってしまう。その一方、昔と変わらぬ冴えも見せ、一人の生活を楽しんでもいた。そんな伯母になかなか帰国をすすめられない澪はといえば、やりがいのある仕事とやさしい恋人がいるにもかかわらず、運河と美術館のある異国で暮らす「あり得たかもしれない未来」を想像してしまうのだ……。

川の流れに人生を重ねるかのように、それぞれの濃密な生の営みが静かな筆致で描かれていく。読み終えてページを閉じたあと、物語を通して届けたかっただろう著者の思いが聞こえたような気がする。たとえ認知症で記憶が失われようと、その人がこの世からいなくなってしまおうと、どんな人生も貴いのだ、と。

発行／朝日新聞出版　2024・2月刊行

あとがき

「さやかちゃんは本が好きだね」と、子どものころ、親戚やご近所さんによく言われた。人見知りだったから来客が苦手で、かろうじて挨拶だけすませると奥に引っ込み、本を読んでいた。読書をしていれば、家の手伝いをしなくてもカミナリを落とされる確率が減った。

田んぼと畑と山と川しかないような田舎育ちで、車や汽車（今も電車ではなく1時間に1本だけの気動車）に30分も乗ると酔ってしまったけれど、本のページを開けばどこにでも行けた。ロンドンのベイカー街にも、古代エジプトやインカ帝国にも、深海や地底都市や宇宙にも。

愛読書に感化され考古学者か天文学者になりたいと夢見たが、理数系が軒並みダメで、大学は文学部に進んだ。就活にも失敗したけれど、在学中にアルバイトをした雑誌の編集者から卒業後も仕事をもらえ、フリーライターになれた。

「雑誌でボツになった本の紹介文、もったいないからうちのホームページに載せれば。『ノラコミの本棚』ってページを作ってあげるからさ」

コロナ禍の真っ只中、（株）ノラ・コミュニケーションズ及び諏訪書房の代表である中川順一氏からそんな提案があった。それから数年、気がつけば高齢者の一員となってしまったことに愕然としていた２０２４年暮れ、今度は「ＨＰの原稿、だいぶたまったから諏訪書房で本にしてあげるよ」と。そんな経緯で、不採用書評が日の目を見ることになった。

まえがきに記したように、そもそもが毎月、女性誌の書評欄に載せる本のセレクト用として書いていたものなので、こうして一冊にまとめると、ありきたりで曖昧な表現が多く、ボキャブラリーの貧困さに冷や汗が出る。担当編集者に内容をきっちり伝えるため、粗筋を書きすぎているきらいもある。一から書き直したいと思ったが、中川社長に「仕事のろいんだから、そんなことしてたら10年経っても本が出ないでしょ」と諭され、手を入れるのは最低限に留めた。「あまり面白そうな本じゃないな」と感じる読者がいたなら、それはひとえに筆者の文章のつたなさゆえ。

１４２冊すべて、その３～10倍は面白い。

20代から40代半ばまで他の雑誌でも書評を手がけ、同じようなレジュメを作っていたので、埋もれたままの紹介文はまだまだ山ほどある。それらが『本の森を歩くⅡ』や『Ⅲ』となる日も、いつか来るだろうか……いや、これ以上欲をかくのはやめておこう。

本書を手に取ってくださった読者のみなさま、デザインや校正を手がけてくれたノラコミスタッフのみなさん、ありがとうございます。そして、不採用書評が世に出る機会を与えてくれた中川順一氏に、心からの感謝を。

細貝さやか

※文中に記載した著者の年齢、刊行年月等は初版時のもの。文庫化・新書化され版元が変わっている本もあります。また、山括弧内の文章は作品からの引用です。正確を期しましたが、手元に本がなく確認不十分な点もあることをご了承ください。「ノラコミの本棚」https://noracomi.co.jp/hondana

細貝さやか（ほそがい・さやか）

フリーライター・編集者。1959年茨城県生まれ。中央大学文学部卒業後、フリーランスのライターに。女性誌や文芸誌を中心に書評、著者インタビューなどを執筆。単行本の編集も手がける。関わった中で最も幸せだった本は、童謡「ぞうさん」の作詞で知られる詩人、まど・みちお氏へのインタビューを聞き書きの形でまとめた『いわずにおれない』（まど・みちお著 集英社be文庫）。

本の森を歩く
――不採用書評集

二〇二五年二月二〇日 第一刷発行

著　者　細貝さやか
発行者　中川順一
発行所　諏訪書房
株式会社 ノラ・コミュニケーションズ
郵便番号一六九―〇〇七五
東京都新宿区高田馬場二―一四―六
電　話　〇三（三二〇四）九四〇一
FAX　〇三（三二〇四）九四〇二
メール　contact@noracomi.co.jp
印刷所　株式会社善光堂印刷所

定価はカバーに表示してあります。
乱丁・落丁の場合はお取り替えいたします。購入された書店名を明記して小社宛にお送りください。

ISBN978-4-911323-05-2 C0000

諏訪書房新書の刊行にあたって

ある大学教授が数万冊の蔵書を遺して逝った。さまざまなジャンルにわたる膨大な数の本一冊一冊は、それぞれ何の目的で書棚に納められたのか、それをすべて推測することはできない。

しかし、それでも膨大な数の本は遺った。仮に当人にとって目的を達することができなかった本であっても、別の者の評価を待つために本は遺る。所有者がいなくなり、著者編者がこの世に存在しなくなっても、本は遺るのである。

インターネットの普及とデジタル技術の進歩が、情報の送受信を容易化した。大量な情報の加工も保存も、デジタルならば素早く簡単にでき、しかもインターネットで得られる情報の大半は無料である。その結果、情報媒体としての本の持つ価値は相対化し、かつては堅牢に見えた出版流通も大きく変化した。今日もおびただしい量の書籍が発行されているが、事業としての出版をめぐる環境は大きく変わったのである。小資本による出版事業は、ますます困難な時代となっている。

それでも、本にこだわりたい。今後も一層普及するであろうインターネットを、広報や流通決済の手段に用い、デジタル技術を活用することで、より多くの情報を本の形で加工し保存することはできないか——次の主を待つ膨大な数の本の前でそれを考えた。そして、まずは走りながら考えようと、ジャンルを問わずさまざまな情報を本の体裁で加工、保存していくことにした。

数万冊の蔵書が保管された場所の界隈は、昔、諏訪町と呼ばれていたという。そこで、本のシリーズ名を諏訪書房新書と名づけた。ここでの新書とは、本のサイズではなく、新しい書籍出版形態をめざす意気込みのことだとご理解願いたい。

（二〇〇七年十一月）